위대한 네트워커의 삼위일체

**위대한 네트워커의
삼위일체**

초판 1쇄 발행 2015년 11월 16일
초판 6쇄 발행 2022년 11월 25일

지 은 이 강경수
펴 낸 이 여상호
펴 낸 곳 엔타임
디 자 인 design BREATH

주   소 경기도 성남시 중원구 희망로 316번길 8 라이브에버빌 101호
전   화 031-735-9016
팩   스 031-742-1618
출판등록 제 16-3429호

copyrightⓒ2015 by 강경수
ISBN 978-89-94484-25-9 03320

책값은 뒤표지에 있습니다.
잘못 만들어진 책은 구입하신 곳에서 교환해 드립니다.

저작권법에 의해 보호를 받는 저작물이므로 당 출판사의 허락 없이 무단 전제, 복제, 전자출판 등을 금합니다.

위대한 네트워커의
삼위일체

구범(具汎) 강경수

엔타임

──────❖ 헌 정 ❖──────

주도적인 신념과 노력으로 자신과 가족의 인생을 바꿔 나갈 뿐만 아니라 어두운 세상에 희망의 횃불을 밝히고 또한 새로운 성취와 성공을 가로막는 부정적인 사회적 고정관념들을 바꿔 나가는 모든 위대한 네트워커들에게 이 책을 바친다.

프롤로그

2014년 12월 31일, 차가운 바람이 몰아치던 그날을 필자는 잊을 수가 없다. '성공하는 사람들의 7가지 습관 프로그램'을 어느 네트워크마케팅 회사의 한 그룹에 리더십 프로그램으로 시스템화하는 방안을 주제로 그 그룹의 리더들과 모임을 가지는 자리였다.

이 프로그램은 30년 이상 전 세계에서 가장 영향력 있는 글로벌 리더십 프로그램 중의 하나로 자리 잡은 명품 프로그램이라고 자타가 공인한다. 이 프로그램을 대기업 또는 중견 기업에서 회사의 신뢰하는 문화를 창달하기 위해 시스템화하는 경우는 종종 있었다. 하지만 네트워크마케팅 회사의 한 그룹이 자체적으로 채택하는 경우는 아마도 전 세계적으로도 유일무이(唯一無二)한 일일 것이다. 7Habits의 퍼실리테이터(facilitator)인 필자에게는 자부심을 느낄만한 일이었다.

네트워크마케팅 사업은 글로벌 마인드가 필요한 사업이다. 그래서 글로벌 네트워크마케팅 기업들이 직원들에게 7Habits 과정을 이수하게 하는 경우는 종종 있었다. 하지만 이렇게 사업자들이 결코 적지 않은 비용과 시간을 투자해서 그것도 일회성이 아닌 장기적인 그룹의 시스템으로 정착시키기로 한 결정은 참으로 놀라운 일이었다. 그것은 그동안 가졌던 몇 차례의 간헐적인 7Habits 과정이 사업자들의 리더십 함양에 아주 효과적이었음을 인정하는 것일 뿐만 아니라 그들의 꿈이 글로벌 리더십 프로그램을 필요할 정도로 크기 때문일 것이다.

그렇게 의미 있는 모임을 마치고 그들의 회사에서 열리는 송년 세미나에 우연히 참석했다. 강사는 그룹의 시스템에 대한 강의를 하고 있었는데 내 귀를 솔깃하게 하는 내용이 있었다.

"사업자는 자신이 스폰서이면서 동시에 파트너이기도 하고 또한 형제라인이기도 합니다."

아니, 이럴 수가! 삼두일신(三頭一身)이며 삼위일체(三位一體)가 아닌가? 호기심에 계속 듣고 있으니 참으로 대단한 얘기였다. 왜냐하면 그것은 우리들의 삶 그 자체이기도 하고 최고의 가르침인 종교의 진리이기도 했기 때문이다.

사실, 오래전 출판사로부터 네트워커들을 위한 책을 집필해 달라는 부탁을 받았는데, 영감이 떠오르지 않아 바쁘다는 핑계를 대며 계속 미뤄오고 있던 차였다. 그런데 우연하게 들은 강의에서 영감을 얻게 될 줄은 몰랐다.

삼위일체란 무엇인가? 기독교에서는 성부(聖父), 성자(聖子), 성령(聖靈)이 세 인격(位)으로 존재하지만 본질은 하나의 하나님이라는 것이다. 불교에서는 삼보(三寶)라고 하는데 불(佛), 법(法), 승(僧)이 다르지만 하나라는 것이다.

그런데 삼위일체가 종교에만 있는 것은 아니다. 가만히 둘러보면 우리의 생활 자체가 삼위일체다. 우리 조상들은 예로부터 천지인(天地人) 사상을 삶의 철학으로 삼고 살아 왔다. 하늘, 땅, 사람이 나타난 모습은 다르지만 하나라는 것이다.

"진리가 너희를 자유케 하리라"고 했다. 진리는 다르지 않다. 진리는 단순하다. 단순하기에 힘이 있다. 그 진리를 리더십에서는 '원칙'이라고 한다. 세상은 원칙이 지배하고 있다. 물건을 떨어뜨리면 밑으로 떨어지고, 해는 동쪽에서 떠올라 서쪽으로 지며, 거짓말을 자주 하면 신뢰는 떨어진다. 이런 것들이 불변의 원칙이다.

스티븐 코비 박사는 "세상은 내가 지배하는 것이 아니라 원칙이 지배한다"고 말했다. 그러므로 세상을 지배하는 원칙을 어기게 되면 반드시 대가를 치르게 된다. 그래서 원칙의 존재를 아는 사람은 반칙이나 변칙을 하려고 하지 않는다.

삼위일체는 우리 삶 속에서도 드러난다. 부모, 나, 자식도 삼위일체다. 서양의 학문과 시각에 많이 경도된 우리는 쉽게 이해하기 어려울 수도 있다. 서양은 과거, 현재, 미래를 직선으로 인식했다. 즉 하나가 될 수 없는 것으로 인식했다. 그러나 동양에서는 하나의 순환으로 바라봤다. 과거와 미래가 현재와 함께 하는 것이다. 내가 부모이기도 하고 또한 자식이기도 하다. 내가 스폰서이면서 파트너이기도 하다. 또한 형제라인이기도 하다. 그것은 나와 가족 그리고 이웃이 하나가 되는 것과 같다. 내 가족만 예뻐하기보다는 이웃을 내 몸처럼, 내 가족처럼 여기라고 성현들은 말했다. 왜냐하면 삼위일체가 진리이고 원칙이기 때문이다.

그런데 우리의 현실은 어떠한가? 자식만 귀하게 여기고 조상은 무시하고, 내 가족을 위해서는 이웃은 어떻게 되든 관심이 없다. 그렇게 되면 장기적인 결과는 어떻게 될까? 조상을 무시하는데 자식이 무엇을 보고 제대로 자랄 수 있겠는가? 이웃이 잘못 되는데 내 가족은 온전할 수 있을까?

네트워크마케팅 사업은 파트너가 잘 되어야 성공할 수 있는 사업이다. 하지만 파트너만 귀하게 여기고 스폰서와 형제라인은 등한시한다면 과연 성공할 수 있을까? 조상과 같은 스폰서를 제대로 대하지 않는 모습을 파트너들은 어떻게 바라보고 또 무엇을 배우게 될까? 우리의 이웃과 같은 형제라인은 무시하고 경쟁의 대상으로만 여기는 모습을 파트너들은 또 어떻게 바라보고 또 무엇을 배우겠는가?

네트워크마케팅 사업은 다른 어떤 사업보다도 인간관계중심 사업이다. 다른 사업들은 기술이나, 자본 또는 인맥만으로도 성공할 수 있지만, 이 사업에서는 그럴 수가 없다. 인간 사회를 지배하는 효과성의 원칙을 어기고는 절대 성공할 수가 없다. 일견, 그런 원칙을 지키지 않는데도 물질적으로 성공하는 사람들도 있을 수 있다. 하지만 효과성은 단기적인 것이 아니라 장기적인 것이다. 그런 사람들이 단기적으로는 성공할 수 있을지 모르지만 장기적으로는 조직이 무너지든지 아니면 자신의 인격이 망가져서 실패할 가능성이 많다.

영화 〈십계〉의 감독인 세실 비대 밀은 이렇게 이야기했다.

"우리는 결코 율법을 파괴할 수 없다. 우리는 율법을 어김으로써 우리 자신이 파괴될 수 있을 뿐이다."

그렇다면, 삼위일체의 중요성은 이해하겠는데 어떻게 해야 잘 할 수 있을 것인가? 리더십에 정답은 없지만 효과성의 원칙은 존재한다. 브라이언 트레이시는 "성공은 흔적을 남긴다"고 했다. 먼저 간 사람들이 남겨 놓은 흔적을 연구하고 따라 가면 틀림없이 삶의 효과성은 증대되고 외부에 있는 듯한 성공은 어느새 나의 일부가 되어 있을 것이다.

콩나물시루를 기억하는가? 물을 부어도 부어도 다 새는 듯하지만, 어느 순간엔가 성큼 다 자라 있는 노란 콩나물을 얻게 된다. 우리의 성장도 그런 것이 아닐까?

이 책에서 삼위(三位)를 배움 또는 쓰임(用)을 위해 리더십(leadership), 팔로워십(followership) 그리고 메이트십(mateship)으로 나눠봤지만 근본은 하나(一體)이다. 네트워커들은 언제 어디서나 스폰서, 파트너 그리고 형제라인의 위치에 동시에 있게 될 것이다. 리더십과 팔로워십 그리고 메이트십이 다 필요한 것이다. 그래서 리더십에 필요한 3가지 자질이 스폰서의 위치에만 적용되는 것이 아니라 파트너와 형제라인의 위치에도 적용되는 것임은 새삼 강조하지 않아도 알 것이다. 팔로워십, 메이트십에 필요한 자질 역시 스폰서에게도 적용됨은 똑같은 이치다. 다시 말해, 위대한 네트워커에게 절대 필요한 9가지 자질을 적용과 강조의 관점에서 3가지씩 나눠 놓은 것이다.

천상막여일행(千想莫如一行) 즉, 천 가지 생각이 한 가지 행동보다 못하다고 했다. 이 책을 읽는 모든 독자들이 부디 듣는 자가 아닌 행(行)하는 자가 되어 네트워크마케팅 사업에서의 삼위일체 성공자뿐만 아니라 위대한 삶의 삼위일체 성공자가 되어 나를 밝히고 주위를 밝히는 새로운 세상의 타오르는 횃불이 되길 바란다.

구범(具汎) 강경수

CONTENTS

프롤로그 · · · · · · · · · · · · · · · · · · · 006

CHAPTER I
리더의 리더십(Leadership)

1. 신뢰 · · · · · · · · · · · · · · · · · · 018
2. 경청 · · · · · · · · · · · · · · · · · · 032
3. 시스템 · · · · · · · · · · · · · · · · · 042

CHAPTER II
파트너의 팔로워십(Followership)

4. 복제 · · · · · · · · · · · · · · · · · · 056
5. 믿음 · · · · · · · · · · · · · · · · · · 064
6. 자기쇄신 · · · · · · · · · · · · · · · · 074

CHAPTER III
형제라인의 메이트십(Mateship)

7. 배려 · · · · · · · · · · · · · · · · · · 086
8. 승승 · · · · · · · · · · · · · · · · · · 095
9. 사랑 · · · · · · · · · · · · · · · · · · 104

에필로그 · · · · · · · · · · · · · · · · · · · 112

CHAPTER I

리더의 리더십
(Leadership)

신뢰 | 경청 | 시스템

"리더십에 장기 투자를 하면 성공은 따 놓은 당상이다." -존 맥스웰

신뢰(Trust)

"신뢰를 잃은 사람은 더 이상 잃을 것이 없다."

-푸블릴리우스 시루스

리더십의 대가 존 맥스웰은 그의 명저 『리더십 21가지 불변의 법칙』에서 '기초의 법칙'을 말한다. 기초가 무너지면 다 무너진다. 기초가 갖춰지지 않은 상태에서의 성공은 사상누각처럼 오래갈 수가 없다. 축성(築城)도 어렵지만 수성(守城)은 더 어려운 것이다. 기초의 법칙에서 가장 중요하게 다루는 것이 바로 '신뢰(trust)'이다.

필자의 인생을 바꾼 현인이자 리더십의 대가인 스티븐 코비 박사도 "리더에게 가장 중요한 것은 신뢰다"라고 했다. 당연한 말이다. 세상을 지배하는 원칙이 다를 수가 없기 때문이다. 그런데 존 맥스웰과 스티븐 코비 두 사람 모두가 신뢰를 형성하는 두 가지 요소로 꼽은 것이 바로 '성품'과 '역량'이다.

성품과 역량에 대해 한 가지 예를 들어 설명해 보자.

A팀장은 경청도 잘하고 그와 함께하면 늘 편안하다. 주위 사람들로부터 사람 좋다는 평가를 많이 받는다. 하지만 회사의 프로젝트를 수행하는데 있어서는 늘 성과 창출이 기대치에 미치지 못해 상사로부터 종종 질책을 받는다. 그 모습을 보고 있는 팀원들은 왠지 조마조마하다. 계속해서 그의 팀원으로 있다가는 회사에서 장기적으로 근무할 수가 있을지 걱정이 된다.

반면, A팀장에 비해 B팀장은 프로젝트 수행에 임하면 어떤 수를 써서라도 늘 성공적인 성과를 창출하여 칭찬을 한몸에 받는다. 심지어 팀원들의 공(功)조차도 자신의 공으로 둔갑시키는 능력마저 뛰어나다. 팀원들은 프로젝트를 성공적으로 마쳤다는 기쁨보다 극심한 스트레스로 인해 녹초가 될 지경이다.

당신은 어떤 팀장과 함께 일하고 싶은가? A팀장은 성품을 갖추고 있지만 역량이 부족하고, B팀장은 역량은 뛰어나지만 성품이 부족하다. 분명 어떤 팀장과도 흔쾌히 함께 하고픈 마음이 일어나지 않을 것이다. 당신의 마음이 그렇다면 당신의 파트너 또한 성품과 역량을 골고루 갖춘 스폰서에게 후원을 받고 싶지 않을까?

역량을 갖추는데도 오랜 시간이 걸리지만 성품 또한 하루아침에 형성되는 것이 아니다. 산업혁명 이후 해가 지지 않는 제국을 구축한 영국의 부정부패와 부조리를 개혁하기 위해 애쓴 위대한 정신 지도자 사무엘 스마일즈(Samuel Smiles, 1812~1904)는 의사였지만 19세기 영국 사회를 개혁하기 위해서 정치 일선에 뛰어 들었다.

하지만 정치 개혁만으로는 부정부패를 제거하는데 한계가 있음을 느끼게 된다. 결국 사람들의 정신을 개조하지 않으면 안 된다는 것을 깨닫고 저술 활동에 전념하여 그 유명한 『자조론』 등 많은 명저를 통해 그 당시 사람들의 정신을 개조하는데 일조를 하였고 지금까지도 그 영향력을 미치고 있다. 당신도 한 번은 들어봤을 법한 그의 유명한 어록을 옮겨보면 다음과 같다.

> 생각이 바뀌면 행동이 바뀌고,
> 행동이 바뀌면 습관이 바뀌고,
> 습관이 바뀌면 성품이 바뀌고,
> 성품이 바뀌면 운명이 바뀐다.

많은 사람들은 생각의 변화가 행동의 변화로 이어져 바로 운명이 바뀔 것으로 기대하고 생각과 행동을 바꿔 보지만, 운명은 그렇게 호락호락 바뀌는 것이 아니다. 생각이 바뀌면 행동이 바뀌는 것은 맞지만 습관까지 가기 위해서는 상당한 노력이 필요하다.

많은 연구에 의하면 습관의 성공적인 태동 기간으로 최소 21일이 걸린다고 한다. 적어도 21일은 지나야 새로운 변화에 대해서 강력하게 저항하던 세포가 누그러진다는 것이다.

동양에서도 어떤 것에 정성을 들이는데 있어서 최소 기간으로 삼칠일 즉, 21일을 얘기한다. 정성 수련도 21일, 산후 조리도 21일을 한다. 그리고 다음 과정은 칠칠일 즉, 49일을 얘기한다.

우연한 일치일지는 모르지만 필자가 강의하는 7Habits에서도 과거에는 과정을 마치고 21일 동안 배운 것을 실천한 후에야 수료증을 받을 수 있었다. 그런데 최근에 완전 새로워진 4.0버전에서는 'Living the 7Habits'의 개념을 내걸며 49일 동안 실천한 후에 수료증을 발급하는 것으로 바뀌었다. 우스갯소리로 넘길 수도 있겠지만 원칙은 동서양을 막론하고 같다는 느낌이 든다.

"성공은 습관이다(Success is habit)"고 한다. 습관의 중요성은 아무리 강조해도 지나치지 않다. 처음에는 우리가 습관을 만들어 가지만 나중에는 그 습관이 우리를 만들어 간다. 그러므로 내가 효과적인 습관을 만들어 가면 그 습관이 나를 효과적인 삶으로 이끌어 간다. 나쁜 습관은 쉽게 만들어지지만 살아가는데 무척 불편하고, 좋은 습관은 힘들게 만들어지지만 살아가는데 무척 편리하다. 좋은 습관은 성공을 향해 열려있는 큰 창문과도 같다.

강의를 하면서 사무엘 스마일즈의 명언을 외우고 있는지를 물어보면 많은 사람들이 알고 있긴 한데 대부분 빠트리는 구절이 '습관이 바뀌면 성품이 바뀐다'는 부분이다. 물론 그 정도로 알고 있는 것만 해도 참으로 기쁘고 대단하다고 생각한다. 그 구절을 모른다 하더라도 올바른 성품을 갖춘 성공자가 되어야 진정한 성공자라는 것은 누구나 안다. 성공을 위해서는 리더가 되어야 하고 리더십의 자리가 바로 '성품'이다.

성품(character)은 결코 하루아침에 형성되지 않는다. 성품은 좋은 습관들의 복합체이기 때문이다. 좋은 습관 하나가 형성되는데도 많은 시간이 필요한데 그 습관들이 쌓여 좋은 성품을 형성하려면 얼마나 오랜 시간이 걸리겠는가? 좋은 습관들이 쌓여 성품이 바뀌고 비로소 운명이 바뀌기 시작하는 것이다.

성품과 성격(personality)을 비슷한 것으로 생각하기 쉬운데 사실은 서로 다른 것이다. 성격은 외향적인 언변, 이미지나 스킬처럼 남들에게 어떻게 보이는가 하는 부분이라면, 성품은 사랑, 용기, 성실, 정직 등 내면적인 것들로 내가 어떤 사람인가 하는 부분이라고 할 수 있다.

나무로 비유하면 성격은 밖으로 드러나는 줄기나 잎 등과 같고 성품은 밖으로 드러나지 않는 뿌리에 해당한다고 할 수 있다. 성격도 중요하지만 성품이 제대로 갖춰져 있지 않으면 뿌리 얕은 나무처럼 바람에 쉽게 흔들릴 수 있음을 명심해야 한다.

우리나라는 해방 이후 성품에 대한 교육보다 역량 교육에 더 집중한 것이 사실이다. 그런데 요즘은 기업체에서도 직원을 선발하는데 성품이 갖춰지지 않은 사람을 걸러내기 위해서 시스템을 갖추는데 많은 노력을 쏟는다. 예전에는 가장 위험한 리더 유형은 '머리는 받쳐주지 않는데 부지런한 리더'라고 했다. 그런데 요즘은 가장 위험한 리더는 '머리는 비상한데 비윤리적인 리더'라고 한다. 즉, 성품이 갖춰지지 않은 리더를 경계하는 말이다.

"당신, 참 개념이 없네요"라는 말을 들으면 기분이 어떨 것 같은가? 많이 당혹스럽고 엄청나게 기분이 상할 것이다. 개념이 참 중요하다.

많은 사람들이 인용하는 "네 시작은 미약하였으나 네 나중은 창대하리라"는 성경 구절이 있다. 그런데 그냥 미약함이 창대함이 되는 것일까? 그렇지는 않을 것이다. 성경의 많은 구절에는 항상 조건절이 있다. 이 문구에서도 조건절이 있는데 그것은 '네가 매사에 청결(淸潔)하고 정직(正直)하면'이다. 여기서 청결은 과연 뭘까? 물론 외적인 청결이기도 하겠지만 내적인 청결 즉, 생각이 잘 정돈되어 있는 상태, 개념이 잘 정리가 되어 있는 상태라고 필자는 생각한다. 또한 정직하다는 것은 안과 밖이 일치하는 것을 두고 하는 말일 것이다.

신과 인간, 삶과 성공에 대한 개념 정리가 잘 되어 있고, 안과 밖이 일치하는 성실한 삶을 살면서 하나님께 구하면 언약처럼 시작은 미약하였지만 나중(결과)은 창대하게 되는 것은 너무나 당연한 것이 아닐까?

그런데 성공에 대한 욕망은 있는데 성공의 원리와 리더십의 법칙 등에 대한 공부는 하지 않는 사람들이 많이 눈에 보인다. "If you wanna earn more, learn more(더 많이 벌고 싶으면, 더 많이 배워라)"라고 했다. 특히, 수많은 파트너와 함께 하는 리더라며 이러한 배움에 더 많은 힘을 쏟아야 할 것이다.

"돈과 명예를 잃는 것보다 건강을 잃어버리면 다 잃는다"라고 한다. 또한 "건강을 잃는 것보다 신뢰를 잃어버리면 다 잃는다"고도 한다. 사회적 동물인 인간에게 있어서 사람들과의 관계 속에서 신뢰가 가장 중요하다는 것을 강조한 말이다. 잃어버린 건강을 되찾는 것보다 잃어버린 신뢰를 되찾는 것이 훨씬 더 시간도 오래 걸리고 더 어렵다는 것을 지금까지 살아온 삶 속에서 충분히 이해할 수 있을 것이다.

인간관계에서 신뢰의 양을 은유적으로 표현한 재미있는 개념의 말이 7Habits에 있는데, '감정은행계좌(EBA, Emotional Bank Account)'라는 것이다. 은행계좌가 입출금이 가능하듯 감정은행계좌에도 '예입'과 '인출'을 할 수가 있다. 예입은 신뢰가 쌓이는 것이고 인출은 신뢰가 떨어지는 것이다. 신뢰가 자꾸 떨어져 그 정도가 심해지면 감정은행계좌도 파산 상태에 이를 수 있다.

어떤 행위들이 감정은행계좌에 예입하는 것인지 살펴보자.

첫째, 작은 일에 대한 관심과 친절, 예의이다.

사람은 큰 산에 걸려 넘어지는 것이 아니라 작은 돌부리에 걸려 넘어진다. 마찬가지로 사람은 큰일보다는 작은 일에 감동 받는다. 큰일에는 감동보다는 오히려 놀라움이 따른다. 사람들이 큰일에만 감동 받는다면 큰일을 할 수 없는 보통사람들은 성공하기가 어려울 것이다. 그러나 다행히 감동은 작은 일에서 온다. 그래서 보통사람들도 성공이 가능한 것이다.

영국의 버틀런드 러셀은 이렇게 말한 적이 있다. "이 세상에서 가장 훌륭한 사람은 밝고 명랑하고 친절한 사람이다." 성공자는 거의 모두 다 겸손하고 친절하다. 사실, 자연의 이치도 그렇다.

둘째, 내가 먼저 이해한 후에 다른 사람을 이해시킨다. 대부분의 사람들은 먼저 남을 이해하기보다는 먼저 자기의 주장을 이해시키려는 경향이 강하다.

회사에서 일을 할 때 오전 내내 회의를 했지만 어떤 결론도 내지 못하고 해산하게 되었다. 유일한 결론이 있었다면 '다음에 다시 하자'는 것이었다. 왜 그럴까? 모두 다른 사람의 주장을 먼저 경청하고 이해하려 하기보다는 자기의 주장을 먼저 이해시키고 관철시키려고 했기 때문이다. 진정한 성공자는 모두 신뢰가 높다. 입보다는 귀가 항상 앞서는 사람들이다.

셋째, 약속을 잘 지킨다. 성공자들의 공통된 두 가지 성공습관을 들자면 메모를 잘하고 약속을 잘 지키는 것이다.

예전에 지인과 일요일 오전에 등산을 하자는 약속을 한 적이 있다. 토요일 밤에 혹시나 해서 일요일 약속을 확인하는 문자메시지를 발송했더니, 그때서야 지방출장 때문에 일요일 약속을 지킬 수 없다는 회신이 왔다. 얼마나 실망스러웠는지 모른다. 물론 갑작스런 일이 발생할 수도 있다. 그런 경우에는 사전에 먼저 양해를 구해야 한다. 그것이 예의이다. 약속은 신중히 하고 약속을 하면 어떤 대가를 치르더라도 지키는 것이 좋다. 약속을 잘 지키는 것은 중요한 예입 행위다. 반대로 약속을 어기게 되면 엄청난 인출이 일어나고 반복된 약속 불이행은 어쩌면 회복 불능의 파산 상태까지 각오해야 할지도 모른다.

넷째, 자리에 없는 사람을 험담하지 않는다.

"낮말은 새가 듣고 밤말은 쥐가 듣는다"고 했다. 내가 하는 말은 반드시 당사자의 귀에 들어간다고 생각하고 말에 신중을 기해야 한다. 영어에도 "현재 자리에 없는 사람에게 충실하라(Be royal to the absent)"는 같은 뜻의 말이 있다.

누군가와 함께 다른 사람에 대해 농담처럼 뒷담화할 때는 기분이 좋을지 모른다. 그러나 헤어지고 나면, '저 사람은 나 없을 때도 나를 저렇게 험담하지 않을까?' 하는 생각에 함께했던 사람에 대한 신뢰도가 낮아진다. 하지만 현재 함께하는 상대방의 입장을 적절히 배려하면서도 현재 자리에 없는 사람에 대해 좋은 면만을 얘기하는 등 그 사람에게 충실하게 되면, 나중에 헤어졌을 때도 모두에게 떳떳하고 또한 함께했던 사람으로부터도 나의 인간성, 인격에 대해 신뢰를 얻게 될 가능성이 높다.

다섯째, 기대사항을 명확히 한다.

리더는 반드시 있어야 할 자리에 있는 사람이다. 중요한 리더십 세미나가 열리는데 리더라는 사람의 참석 여부가 분명하지 않으면 기대가 분명치 않게 되어 감정은행계좌에서 인출이 일어난다.

'회색분자'라는 말이 있다. 회색은 어디에도 무난하게 잘 어울린다. 그렇지만 일상에서 좋은 의미로 쓰이지는 않는다. 모임 할 때 참석 여부가 불분명한 회색분자는 기대사항이 명확치 않고 신뢰도가 떨어진다.

대전에서 어떤 여성 리더를 소개 받은 적이 있다. 첫 눈에도 바로 리더감으로 느껴져 인사를 나누며 "언제 식사라도 한 번 하시죠?"라고 했더니 바로 한발 더 다가서면서 "언제 할까요?"라고 하는 게 아닌가. 순간 '이 사람은 기대사항이 분명한 신뢰할만한 리더구나'라는 생각이 확 들었다.

여섯째, 사과하거나 용서한다.

신사(gentleman)가 가장 잘 쓰는 두 말이 바로 "Thank you"와 "I'm sorry"라고 한다. 뭔가 잘못했을 때 즉각적이고 진정어린 사과를 하는 것은 중요한 예입행위이다. 인간은 누구나 실수를 할 수 있는 존재이다. 반복된 고의적인 실수만 아니라면 실수 그 자체보다 그 이후에 어떻게 하느냐가 훨씬 더 중요하다. 자신의 실수를 인정하지 않고 변명하거나 오히려 거만한 자세를 취하게 되면 당연히 인출이 일어날 수밖에 없다. 누군가가 이렇게 실수에 대해서 사과를 할 때 용서를 해주는 것은 중요한 예입 행위이다. 그래서 "실수하는 것은 인간적인 것이지만, 용서하는 것은 신성한 것이다(To err is human, to forgive is divine)"라고 했다.

일곱째, I-메시지(message) 피드백을 준다.

누군가가 피드백을 주면 기분이 좋은가, 불편해지는가? 피드백을 주는 것은 예입일까, 인출일까? 스티븐 코비 박사는 예입이라고 한다. 왜냐하면 우리가 모르는 부분을 알려주고 그것 때문에 고치고 성장할 수 있기 때문이다.

미국의 심리학자 조셉 루프트(Joseph Luft)와 해리 잉검(Harry Ingham)이 만든 '조해리의 창(Johari's Window)'에 의하면, 우리 마음에는 나도 알고 남도 아는 개방영역(open area), 나만 알고 남은 모르는 은폐영역(hidden area), 나도 모르고 남들도 모르는 미지영역(unknown area), 그리고 남들은 알고 있는데 나만 모르고 있는 맹목영역(blind area)이 있다. 이 중에서 자기계발 분야에서 가장 많이 다루는 것이 맹목영역인데, 피드백을 해 주는 것은 이 부분을 조심스럽게 알려주는 것이기 때문에 정말 귀한 선물이고 축복이라고 할 수 있다.

그렇지만 아무리 좋은 의도의 피드백이라 하더라도 어떻게 주느냐에 따라 약이 될 수도 있고 독이 될 수도 있다.

"당신, 그렇게 하는 것이 아닙니다."

"그것은 이렇게 해야만 합니다."

"그것은 잘못되었고 앞으로는 이렇게 하는 게 좋겠습니다."

당신이 이런 피드백을 듣는다면 기분이 어떨까? 이런 것을 'You-메시지 피드백'이라고 한다. You-메시지 피드백은 아무리 좋은 의도라 하더라도 거의 비난처럼 들리기 쉽다. 결과적으로 인출이 일어난다.

하지만, "잘 봤습니다. 제 느낌을 좀 전해 드려도 될까요?" "제 느낌은…, 제 생각은…, 저라면…" 등과 같이 I-메시지로 하게 되면 예입이 일어난다. 왜냐하면 자신이 잘못하고 있는 부분에 대한 지적이 기분 좋진 않겠지만 I-메시지는 비난처럼 들리기보다는 나를 위하고자 하는 상대의 진정성이 더 크게 와 닿기 때문이다.

내 생일은 이미 지났는데 친구가 생일 카드를 주면 예입일까, 인출일까? 좋은 아르바이트 자리를 소개해줘 고맙다며 월급을 받아 패스트푸드점에서 햄버그 하나를 사주면 예입일까, 인출일까? 어떤 사람은 예입이라고 하고 어떤 사람은 인출이라고 속으로 답했을 것이다. 예입이냐 인출이냐는 것은 행위를 하는 사람의 기준이 아닌 받는 사람의 기준에서 판단해야 한다.

기대하지도 않았던 친구가 "그저께 네 생일이었지, 못 챙겨줘서 미안하다. 친구야"하며 생일 축하카드를 주면 예입이 될 수 있겠지만, 생일 선물을 기대하고 있던 연인 사이에 그랬다면 인출이 될 수도 있을 것이다.

값싼 햄버그 하나지만 "어~ 친구, 역시 보답할 줄 아네"라고 반응하면 예입일 수 있지만 "좋은 아르바이트 자리 소개해 줬는데 고작 햄버거 하나야"라고 반응하면 인출일 수가 있다. 역지사지(易地思之)가 필요하다.

은행계좌와 감정은행계좌에는 큰 차이점이 하나 있다. 은행계좌는 100만 원을 인출한 후 다시 100만 원을 예입하면 잔고가 같아진다. 하지만 감정은행계좌는 인출이 한 번 일어난 후에 예입을 한 번 한다고 해서 절대 같아지지 않는다는 것을 명심해야 한다.

감정코칭으로 유명한 가트만(Gottman) 박사는 '5:1의 규칙'을 얘기한다. 인출 행위 1개가 일어나면 예입 행위 5개를 해야 상쇄가 된다는 것이다. 하지만 필자의 개인적 경험으로는 5개를 해도 만회가 안 될 수도 있다. 감정은행계좌에서 중요한 것은 절대 인출을 하지 말아야 한다는 것이다. 예입은 평소에 꾸준히 해야 하지만 인출이 한 번 일어나는 순간 그동안 쌓아온 노력이 물거품이 되어 버릴 수도 있다.

로마도 하루아침에 만들어지지 않았듯이 신뢰도 결코 하루아침에 쌓이지 않는다. 꾸준하고 성실하게 신뢰를 쌓아가야 한다. 가까운 사람일수록 더욱 자주 예입에 신경 쓰고 노력해야 한다. 왜 돈과 명예보다도 건강을, 건강보다도 신뢰를 더 강조하겠는가? 사회적 동물인 인간의 본질적인 핵심을 드러내는 것이 아닐까?

스폰서로서, 리더로서 가장 중요한 덕목 1순위에 신뢰를 두는 것에 아무도 이의가 없을 것이다. 리더가 신뢰를 잃어버리면 리더십을 행사할 수가 없다. 리더가 리더십을 행사할 수 없으면 더 이상 리더가 아니기 때문이다.

네트워크마케팅 사업의 일부 리더들이 신뢰를 잃어버리는 경우를 종종 본 적이 있다. 신뢰를 잃는 데는 여러 이유들이 있겠지만 주요 원인들은 앞에서 언급한대로다. 겸손, 사랑, 용서, 성실, 용기

등의 성품이 받쳐주지 않기 때문에다. 그러다 보니 성격이 까다롭거나 자신보다 능력이 출중한 파트너들을 포용하지 못한다. 상담을 할 때 파트너를 이해하려고 하기보다 조금 들어보고는 스폰서라는 권위로 바로 진단하고 처방을 내리려 한다. 그렇게 파트너들이 실망하여 떠나는데도 자신의 잘못을 제대로 보질 못한다. 제대로 보질 못하니 당연히 개선도 할 수 없는 것이다.

또한 역량이 부족한데도 배움에 힘쓰지 않는다. 교육을 장기적 투자로 바라보기보다는 큰 비용으로 인식한다. 본인의 패러다임이 그렇다 보니 금전적으로 다소 부담스러울 수도 있는 좋은 교육이나 멋진 행사를 주최하지 못한다.

파트너들에 대한 지나친 배려가 그들의 성장을 더디게 하는 경우도 있다. "일관성이 신뢰를 낳으며 또한 리더의 리더십은 팔로워들의 저항력보다 커야 한다"고 존 맥스웰은 말했다. 리더의 신념과 신뢰는 조직의 그 무엇과도 바꿀 수 없는 큰 자산이다. 리더는 그런 신뢰를 얻기 위해서 작은 약속도 소홀히 여기지 않는 등 늘 감정은행계좌에 지속적으로 예입을 해야 한다.

직업상 많은 네트워크마케팅 리더들을 지켜보게 된다. 신뢰의 잔고가 높은 리더는 시간이 지나면 조직이 크게 성장하지만 신뢰의 잔고가 낮은 리더는 시간이 지나도 성장하지 않는다. 리더십의 가장 중요한 기초인 신뢰는 아무리 강조해도 부족함이 없다. 특히 인간관계중심 사업인 네트워크마케팅에서는 더욱 그렇다.

② 경청(Empathic Listening)

"잘 들어라, 그렇지 않으면 당신의 혀가 당신을 귀머거리로 만들 것이다."

—인디언 금언(金言)

요즘은 SNS의 발달로 예전에는 상상도 못했던 일들이 현실이 되곤 한다. 필자도 SNS를 통해 초등학교 동창들과 소식을 주고받다가 졸업한 지 38년 만에 고향에서 열리는 송년 모임에까지 참석한 적이 있다. 서울에서 친구가 내려온다고 기차역까지 마중 온 친구 덕분에 편안하게 모임 장소로 이동하여 오후 5시부터 새벽 4시까지 즐거운 시간을 보내고 왔다.

그런데 약 11시간 동안 함께하면서 내 얘기는 제대로 한 기억이 없다. 왜 그랬을까? 내가 말을 못해서? 그래도 소통전문강사인데 말을 못했을 리는 없다. 정확히 말하자면 내 말을 할 시간이 없었다. 왜냐하면 친구들의 얘기를 집중해서 들어주고 또 물어주니 자신들의 얘기하기에도 시간이 부족했기 때문이다.

사람은 늘 그리움과 외로움을 함께 가지고 있는 존재다. 사람들은 늘 허(虛)하고 외롭다. 특히 가까이에서 함께 사는 사람들 사이에는 섬이 존재하는 듯 더욱 외롭기도 하다. 항상 누군가와 연결되어 있고 싶어 한다. 소통하고 싶어 한다. 누구나 자신의 얘기를 하고 싶어 한다. 그런데 자신의 얘기를 잘 들어주는 사람이 주위에 없다.

그런데 서울에서 교수라는 초등학교 친구가 내려와 자신의 얘기를 집중해서 들어주니 신이 나서 밤새도록 얘기하는데도 화수분처럼 마르질 않는다. 중요한 것은 필자는 별 얘기를 하지도 않았는데 사람들은 필자에게 더 호감을 느낀다는 것이다. 세상에 자신의 얘기를 잘 들어주는 사람을 싫어할 사람은 아무도 없을 것이다. 또한 세상에 말이 많은 사람을 좋아하는 사람도 별로 없을 것이다. 보통 사람도 이러할진대 리더의 경우라면 어떻겠는가?

개인에게도 삶의 미션, 비전 그리고 목표들이 있듯이 조직에도 똑같은 미션, 비전 그리고 목표들이 있다. 분명한 미션과 비전이 없는 개인의 삶은 방황하는 삶이 될 가능성이 많듯이 조직도 분명한 미션과 비전이 없다면 오래 존속하기가 쉽지 않을 것이다.

배가 출항해서 바다 위에 떠 있다고 해서 그것을 전부 항해라고 하지 않는다. 가고자 하는 항구가 있어야 항해이다. 목적으로 하는 항구 없이 그저 바다 위에 떠 있기만 하면 그것은 표류일 뿐이다. 세상에는 목적도 없이 표류하는 인생을 사는 사람들이 적지 않은 것은 사실이다.

조직의 미션과 비전을 찾아내어 정립하는 것은 리더의 일이다. 리더는 항상 원대하고도 올바른 비전을 찾아다닌다. 그리고 일반인들은 그런 리더를 찾아다닌다. 그런데 비전의 실현은 리더가 아닌 그의 팀이 이룬다. 중요한 사실이다. 그의 팀에게 비전을 심어주고 비전을 실현케 하는 방법은 소통을 통하지 않고서는 불가능하다. 말이 지닌 많은 한계성에도 불구하고 우리는 말을 통하지 않고서는 비전의 실현뿐만 아니라 행복한 삶을 사는 것도 불가능하다.

소통에는 말하기, 읽기, 쓰기, 듣기가 있다. 학교에서 말하기, 읽기, 쓰기는 배웠지만 듣기는 제대로 배웠던 기억이 없다. 말하기, 읽기, 쓰기가 엄청나게 중요한 것은 사실이지만 듣기가 제대로 되지 않는다면 어떻게 될까?

공자는 나이 60을 '이순(耳順)'이라고 했다. 한평생을 들어야 비로소 순리를 들을 수 있는 귀가 생긴다는 뜻이다. 잘 듣는다는 것이 결코 쉬운 일이 아님은 본인의 경험이나 부모 또는 주위 사람들을 통해서 잘 알 것이다. 공자는 또한 다음과 같은 말을 했다.

    심부재언(心不在焉)

    시이불견(視而不見)

    청이불문(聽而不聞)

    식이부지기미(食而不知其味)

'마음이 없으면, 봐도 보이지가 않고, 들어도 들리지가 않으며, 먹어도 그 맛을 모른다'는 뜻이다. 청이불문, 들으려고 해도 잘 들리지 않는 것이 이치라고 했다. 진실로 마음을 다해 잘 들으려는 태도가 함께할 때라야 제대로 들을 수 있는 것이다. 내가 옳다는 생각 또는 내가 스폰서인데 라는 권위의식 등이 있으면 파트너들의 생각이 제대로 들릴 리가 없다. 진정으로 파트너가 무슨 말을 하려고 하는지, 말 하지 않은 것은 무엇인지, 전체 맥락을 들으려고 노력하는 그런 마음이 함께할 때 제대로 들을 수 있다. 그것을 '공감적 경청(共感的 傾聽, empathic listening)'이라고 한다.

공감적 경청을 상대방의 말에 귀를 집중하여 잘 들어주면 된다고 생각하기 쉽다. 필자가 코칭을 공부할 때 "리더의 경청은 말의 경청이어야 한다"라는 말을 들었다. 말의 경청? 뭔가 괜찮은 말인 듯한데 곧바로 쉽게 이해가 되진 않았다.

스티븐 코비 박사는 "공감적 경청이란 상대방의 말과 감정을 내 언어로 표현해 주는 것이다"라고 분명한 정의를 말한다. 상대방의 말과 감정을 내 언어로 표현해 주는 것, 이것이 바로 '말의 경청'과 같은 의미인 것이다. 리더의 경청은 귀의 경청이 아닌 말의 경청이어야 한다. 참으로 가슴에 와 닿는 말이다.

공감적 경청 즉, 말의 경청을 이루기 위해서는 두 가지 핵심 스킬이 필요하다. 첫 번째는 상대방의 말(content)을 내 언어로 표현해 주는 '바꿔 말하기(paraphrasing)'이다. 두 번째는 상대방의 감정(feeling)을 내 언어로 표현해 주는 '비춰주기(mirroring)'이다.

아들이 학교에 갔다 와서는 "아빠, 내일부터 학교 안 갈래요"라고 말한다면 뭐라고 반응하겠는가? 대부분은 "뭐라고? 왜 그래? 무슨 일이야? 학교 안 가고 뭐하려고 그래?" 등과 같이 반응할 것이다.

그런데 그렇게 반응했을 때와 다음과 같이 반응했을 때 어떤 경우가 아들과의 소통에 더 효과적으로 작용할지 생각해보라.

"우리 아들, 요즘 많이 힘든 모양이구나.", "우리 아들 내일부터 학교 안 가겠다고?" 당연히 후자일 것이다. 후자의 첫 번째는 아들의 감정을 읽어주는 미러링 스킬이며 두 번째는 아들의 말을 반영해주는 패러퍼레이징 스킬이다. 더 효과적인 방법은 두 스킬을 함께 사용해서 "우리 아들 요즘 학교생활이 많이 힘들어서 학교에 가기 싫은 모양이구나"라고 표현하는 것이다.

소통의 달인들은 잘 쓰고 있는 단순한 스킬이지만 일반인들은 그 단순함에 비해 거의 쓰지 않고 있다. 복잡하면 힘이 없다. 단순해야 힘이 있다. 존 맥스웰은 이렇게 말했다. "교육자들은 단순한 것도 복잡하게 만들지만 리더들은 복잡한 것도 단순하게 만든다." 그렇다. 리더들과 상담을 해보면 복잡한 것은 단순하게 만들어 버리고 어려운 것은 쉽게 만들어 버린다. 왜냐하면 리더는 원칙을 중심에 두고 있기 때문이다. 그래서 리더다. 이 두 가지 단순한 스킬은 실제 대화에서 사용해보면 얼마나 효과적이며 강력한지 모른다. 그것을 사용해 본 사람들만이 알 수 있다.

　우리가 어딘가에 전화를 하게 되면 우리의 말을 패러퍼레이징해 주기 위해서 기다리고 있는 사람들이 있다. 누굴까? 바로 콜센터 직원들이다. 가만히 생각해 보라. 그들은 고객의 말을 계속 패러퍼레이징하면서 문제를 해결해 나간다. 그들이 계속 패러퍼레이징해 줄 때 어떤 느낌이 드는가? 뭔가 내 말을 제대로 알아듣고 있구나 하는 신뢰감이 느껴질 뿐만 아니라 계속 얘기를 하고 싶은 기분이 들게 한다.

　코칭을 할 때도 내담객(coachee)이 답을 스스로 찾아가게 하기 위해서 말을 계속하게 해야 하는데 그때 가장 자주 쓰는 스킬이 바로 패러퍼레이징이다. 패러퍼레이징을 계속 해주면 상대방에게 힘을 계속 불어 넣어 주게 된다. 당신의 파트너들도 마찬가지가 아닐까?

　앞에서 가트만 박사의 감정코칭을 간단히 언급한 적이 있는데, 그의 책을 읽어 보면 나오는 핵심 스킬이 바로 패러퍼레이징과 미러링이다. 특히 아이들의 감정을 읽어주는 미러링에 대해서 상세하게 예를 들어가며 설명한다. 아직 이성 뇌보다 감정 뇌가 많이 발달되어 있는 아이들에게는 어떤 감정이든 있는 그대로 읽어주는 것이 너무 중요하다. 그것을 심리학에서는 '타당화'라고 한다. 울고 싶을 때에는 타당한 이유가 분명 있기 마련인데 '울지 마'라고 하면 아이의 기분이 어떨까? '울지 마'라고 하기보다는 '울고 싶구나'

라고 해줘야 한다. 단순하지만 매우 중요하다.

어른도 다르지 않다. 누군가 내 마음을 알아주면 기분이 좋아지지 않던가? 그런데 막연히 '마음'이라고 하기보다는 그것을 구체적으로 '감정'이라고 생각해 보라. 퇴근한 남편이 우울해 하는 아내에게 "당신 오늘 기분이 안 좋아 보여, 무슨 일 있어?"라고 물어줄 때 남의 편 남편이 아닌 내 남편 같지 않을까? 인간은 이성적 존재이기도 하지만 감정적 존재이기도 하다. 감정이 한 일을 이성으로 변명하려는 존재이다. 감정을 읽어주는 것이 매우 중요하다. 특히, 공감적 소통을 하기 위해서는 더욱 그렇다.

파트너들은 자신의 고민을 해결해 주길 바라며 스폰서에게 이야기하는 것이 아니다. 다만 자신의 고민을 들어주길 바랄 뿐이다. 스폰서에게 고민을 얘기하고 싶어 갔는데 조금 듣더니 바로 판단하고 충고하려 든다. 내 얘기는 조금밖에 안했는데 훨씬 더 많은 얘기를 듣고 온다. 가슴이 더 무겁고 답답해진다. 사실, 파트너들은 자신의 얘기를 하고 싶어 스폰서에게 간다. 거기에 공감을 해주는 것이 가장 중요하다.

그런데 우리는 언제부터 그랬는지 모르겠지만 자꾸만 해결해 주려고 한다. 그 해결책이 나에게는 맞았을 수 있지만 파트너에게는 안 맞을 수도 있다. 스폰서의 경험을 좀 들려달라고 요청을 할 때는 자신의 실패와 성공 경험담이 아주 효과적일 수 있다. 파트너가 스폰서의 경험을 들려달라는 요청이 나오도록 기다려주고 이끌어

내는 것이 진정한 소통, 특히 코칭 능력이다. 과거 수직 시대가 아닌 현재 수평 시대에는 코치형 리더, 코치형 스폰서가 될 필요가 있다.

『성공하는 사람들의 7가지 습관』에 나오는 다음 내용을 차분히 읽어보면서 누군가 당신에게 이야기할 때 당신은 어떻게 행동을 했는지 생각해보면 좋을 것 같다.

제발 좀 들어 보세요.
제발 좀 들어 보라고 부탁했더니,
당신은 충고부터 합니다.
제 부탁은 들어주지 않는군요.

제 말 좀 들어 보라고 부탁했더니,
당신은 이유부터 설명합니다.
제 느낌은 그게 아닌데,
제 감정은 생각도 안 해 주시는군요.

제 말 좀 들어 보라고 부탁했더니,
당신이 나서서 제 문제를 해결해 주겠다고 하는군요.
저를 망치시는군요.

이상하게 들릴지 모르겠지만,
들어 보세요. 제가 바라는 건 그것뿐,
말하거나 행동하지 말고 제 말 좀 들어 보세요.

- 랄프 로튼 박사

해불양수(海不讓水)라는 말이 있다. '바다는 어떤 물도 물리치지 않고 다 받아들인다'는 뜻이다. 왜 그럴까? 이유는 하나, 가장 낮은 곳에 있기 때문이다. 바다가 가장 큰 이유도 모든 물을 다 받아들이기 때문이다. 다 받아들이기 위해서는 낮은 곳에 있지 않으면 안 된다. 리더는 절대 겸손해야 한다. 바다에서 배워야 한다. 가장 크게 가기 위해서는 가장 낮출 수 있어야 한다.

내 그룹을 키우기 위해서는 내가 낮은 곳에 서야 한다. 겸손하면 아무것도 잃을 것이 없다. 겸손한 사람은 언제나 말하기보다는 듣기를 잘하고 좋아한다. 그래서 이해하는 것(understand)은 낮은 곳에 (under) 서는 것(stand)이다.

내가 말을 많이 하면 상대방이 많은 정보를 얻을까, 내가 많이 얻을까? 상대방일 것이다. 상대방이 말을 많이 하면 상대방이 많은 정보를 얻을까, 내가 많이 얻을까? 나일 것이다.

지식정보화 시대에는 지식정보를 많이 가진 사람이 적은 사람을 지배한다. 나의 능력만으로 성공하려는 사람은 어리석은 사람이다. 다른 사람의 능력을 소유하고 활용하는 사람이 현명한 사람이다.

네트워크마케팅 조직에는 얼마나 많은 다양한 능력을 갖춘 사람들이 있는지 모른다. 그 능력들을 활용하는 방법은 그들이 그것들을 끄집어내도록 해야 한다. 그들의 마음을 얻는 가장 확실한 방법이 바로 경청이다. 이청득심(以聽得心)이라고 했다.

미국의 유명 방송인 래리 킹(Larry King)은 "소통의 제1의 장애는 잘 듣지 않는 것이다"라는 단순하고도 평범하지만 핵심적인 말을 했다. 전 세계 여성들의 우상이 될 만한 유명 방송인 오프라 윈프리(Oprah Winfrey)도 '말하는 것 이상의 경청'의 스킬을 가지고 있었기 때문에 지금의 자리를 차지할 수 있었다.

네트워크마케팅의 리더들도 어쩌면 그런 유명인들과 같다는 느낌이 들 때가 많다. 군중들의 인기와 존경을 한 몸에 받으면서 소득까지 적지 않으니 말이다. 그런 높은 인기와 존경을 유지할 뿐만 아니라 지속적인 고소득 유지를 위한 성과 창출을 위해서도 파트너들의 말을 경청(傾聽)해야 한다. 사랑하는 내 가족을 지키기 위해서는 소중한 내 파트너를 지켜야 한다.

파트너들은 경청하는 리더 곁은 잘 떠나지 않는다. 소득이 늦어지는 것은 견딜 수 있다. 하지만 리더가 잘 듣지 못하는 등 성품에 문제가 있다는 생각이 들면 견디지 못할 수도 있다. 소득도 더딘데 소통의 문제까지 겪으면 더 빨리 떠날 수 있다. 그렇게 되면 리더는 언젠가 불구(不具)가 될지도 모른다.

③ 시스템(System)

> "문화는 전략을 아침 식사로 먹어 치워 버린다."
> —피터 드러커

피터 드러커는 이 말의 의미를 이해하는 리더는 조직을 성공적으로 이끌 것이라고 말했다. 기업 문화의 중요성을 강조한 말이다. 기업들은 훌륭한 전략을 만들기 위해 많은 비용을 들여 컨설팅을 받는다. 하지만 그렇게 준비된 훌륭한 전략도 기업의 문화가 뒷받침 되지 않으면 무용지물이 되고 만다. 점심, 저녁도 아닌 아침 식사로 간단히 먹혀 버린다. 모든 기업들은 조직의 미션과 비전을 실현하기 위한 바람직한 문화를 만드는데 많은 공을 들이고 있다.

강의를 하다 보면 그 기업의 문화를 확연히 느낄 수 있다. 치밀한 관리형인 삼성그룹은 차가운 지성의 '머리형 문화'가 느껴지고, 인간 중심의 기업경영을 상징하는 로고를 사용하는 엘지그룹은 따뜻한 '가슴형 문화'가 느껴진다. 반면에 정주영 회장의 철학이 그대로 배어나는 현대 그룹은 '해봤어?' 하는 '장형(행동형) 문화'가 느껴진다.

미국의 사우스웨스트 항공사는 동종 업계 대비 약 80% 밖에 안 되는 임금에도 불구하고 퇴사율은 최저이며 입사대기자는 수만 명이 줄을 서고 있다. 왜 그런 것일까? 직원을 최고로 존중하는 시스템이 직원들의 사기를 높여 충성하게 만들고 그러므로 인해 회사가 최고의 경쟁력을 유지할 수 있게 하는 기업의 '승리하는 문화(wining culture)' 때문이다.

그렇다면 조직의 바람직한 문화는 어떻게 만들어지는가? 필자가 몸담고 있는 세계적인 HRD기업인 플랭클린코비(FranklinCovey)사에서는 다음 네 가지를 얘기한다.

첫째, 리더가 이끌어야 한다(leader-led).

둘째, 의도적으로 설계되어야 한다(designed intentionally).

셋째, 확고한 틀이 있어야 한다(established framework).

넷째, 공통의 언어를 사용해야 한다(shared language).

조직의 미션(mission)과 비전(vision)은 리더가 발견한다. 그 미션과 비전을 이루기 위해 팀(team)을 만드는 것도 리더가 한다. 조직된 팀이 미션과 비전을 성취하기 위한 조직의 문화를 만들기 위해서는 어떤 확고한 틀(framework)이 있어야 한다. 그것이 바로 시스템

(system)이다. 조직의 문화는 어떤 시스템이 오랫동안 일관성 있게 운영될 때 만들어진다. 신뢰는 일관성이 낳는다고 앞에서도 말했다. 즉, 오랜 기간 동안 반복해야 한다.

실패하는 조직을 살펴보면 구체적인 미션과 비전은 없고 돈을 많이 벌고 싶은 욕심만 있다. 리더에게는 시스템에 대한 개념이 없다. 당연히 바람직한 문화의 중요성에 대한 개념도 없다. 그러다 보니 리더가 상황에 따라 이랬다저랬다 마음대로 한다. 일관성이 없는 것이다. 그래서 당연히 신뢰하는 문화가 생겨나지 않는다. 그런 상태에서도 일시적으로 돈을 벌 수는 있다. 그렇게 해도 돈이 들어오니까 자기가 잘 하는 줄로 착각한다. 그렇지만 조직 내외부에서 조그만 변화만 일어나도 이겨내지 못하고 무너지고 만다.

"그것이 무엇이든 시스템이 정답이다"라고 했다. 사업을 유지하는 힘은 시스템에 있다. 일반 세일즈(sales)와 네트워크마케팅(network marketing)의 차이도 시스템이 있느냐 없느냐의 차이에 있다. 필자가 알기로는 모든 네트워크마케팅 조직의 리더들은 시스템에 대한 개념이 확실히 정립되어 있다. 아주 정교한 시스템이 운영되는 그룹과 엉성한 시스템이 운영되는 그룹의 차이 정도만 있을 뿐이다. 그런데 그 작은 차이가 엄청난 결과의 차이를 만들어 낸다는 것이다. 수백 미터가 넘는 큰 배를 움직이는 아주 작은 타(舵, Rudder)가 있는데 그것을 트림탭(Trim tab)이라고 한다. 그래서 작은 차이가 큰 결과를 낳는 것을 '트림탭의 원칙'이라고 부르기도 한다.

네트워크마케팅 사업은 아무나 할 수는 있지만 누구나 성공할 수 있는 사업은 아니다. 리더는 어디에서 어떤 일을 하든지 성취를 이뤄낼 가능성이 많다. 사업의 맥을 빨리 파악하고 제대로 하기 때문이다. 무엇보다도 성취의 경험이 성공의 인자로 내재하기 때문이다. 그래서 늘 원대한 비전을 먼저 찾아다닌다.

하지만 일반인들은 그렇질 못하다. 그래서 그들은 늘 원대한 비전을 제시하는 훌륭한 리더를 찾아다닌다. 리더를 찾아오는 그 일반인들을 성공시킬 책임이 리더에게는 있다. 그것이 바로 시스템이다. 시스템이 없거나 엉성한 조직에서는 정말 타고난 리더만이 성공할 수 있다. 하지만 그 성공도 따르는 팔로워(Follower)들이 많지 않기 때문에 일시적일 가능성이 많다. 하지만, 정교한 성공시스템이 작동되는 조직에서는 일반인들도 성공이 가능하다. 그 일반인들이 훌륭한 팔로워로 성장하고 성공을 향해 나아가면서 리더를 지지해주기 때문에 그 성공은 지속적일 수가 있다.

강의를 하다 보면 어떤 조직은 분위기가 가라앉아 있고 어떤 조직은 아주 활기차다. 농으로 던지는 얘기에 나타나는 반응만으로도 '잘 될 집안'과 '안 될 집구석'이 확연히 느껴진다.

대체적으로 네트워크마케팅 회사의 분위기는 아주 밝다. 왜 그럴까 생각해 보면 그곳에 모인 대부분의 사람들에게는 구체적인 꿈이 있기 때문이 아닐까 하는 생각이 든다. 점점 빈익빈 부익부 현상이 심해지고 고용 없는 성장이 일상화된 작금의 현실 속에서 영롱한 꿈을 꾸는 네트워커들을 보면 나도 절로 기분이 좋아지고 힘을 얻고 온다.

존 맥스웰은 『리더의 조건』에서 리더가 갖춰야 하는 21가지 자질 중에 리더라면 마지막까지 절대 내려놓아서는 안 되는 단 한 가지 자질이 있다고 했다. 그것이 무엇일까? 바로 '책임감'이다.

리더는 자신과 조직의 비전을 믿고 사업을 시작하는 파트너들의 성장과 성공에 대한 진실한 사랑과 막중한 책임감을 가져야 한다. 그 심려한 숙고 끝에는 정교한 시스템이 있어야 한다. 그 시스템이 승승의 문화를 만들고 그 문화 속에서 파트너들은 누구나 리더로 성장하고 성공자로 탄생할 수 있는 것이다. 다시 말하지만, 성공시스템이 없어도 훌륭한 비전만 있으면 타고난 리더는 자기가 시스템을 만들어서라도 성공할 수 있지만, 성공시스템이 없으면 일반인들의 성공은 요원(遙遠)하다. 내가 소속되어 있는 조직에 훌륭한 성공시스템이 있다면 성공은 나의 노력과 시간의 문제일 뿐이다.

그러므로 리더는 정교한 성공시스템을 만들고 그것을 일관성 있게 운용해서 성공적으로 그룹 내에 정착시키는데 많은 시간과 노력을 투자해야 한다. 리더에게 이것은 아주 중요한 일이며, 7Habits에 나오는 타임 매트릭스(time matrix)의 Q2(2사분면)에 속하는 대표적인 일이다.

타임 매트릭스에 대해 다음 그림을 보면서 간단하게 설명하겠다. 1사분면에는 긴급하고 중요한 일, 2사분면에는 중요하지만 긴급하지 않는 일, 3사분면에는 긴급하지만 중요하지 않는 일, 4사분면에는 중요하지도 긴급하지도 않은 일이 해당된다. 어느 사분면에 우리의 시간을 집중할 때 효과적이고 성공적인 삶은 살 수 있을까? 강의를 하면서 물어보면 대부분은 1사분면이라고 대답한다. 그런데 결론부터 말씀드리면 2사분면이다. 왜 그럴까?

	긴급함	긴급하지 않음
중요함	Q1	Q2
중요하지 않음	Q3	Q4

리처드 코치는 『80 : 20 의 법칙』에서 우리가 긴급한 일에 80% 이상 에너지를 쏟고 나면 나중에 긴급한 일을 20%도 처리를 못하게 되는 반면에, 중요한 일에 80% 이상 에너지를 쏟고 나면 나중에 긴급한 일을 80% 이상 처리하는 삶을 살게 된다고 말했다. 사람들에게 성공하기 위해서는 "긴급한 일을 우선해야 합니까, 중요한 일을 우선해야 합니까?"라고 물어보면 대부분 사람들은 중요한 일이라고 대답한다. 맞는 말이다.

그런데 "중요하고 긴급한 일(1사분면)입니까, 중요하긴 한데 긴급하진 않는 일(2사분면)입니까?"라고 물어보면 어려운지 답변을 머뭇거린다. 이해는 간다. 성공은 중요하다. 하지만 성공이 긴급하게 이루어질까? 성공을 이뤘다 해도 건강을 잃어버리면 의미가 없다. 긴급하게 어떤 조치를 취한다고 갑자기 건강해질까?

성공을 이루는데 중요한 인간관계, 리더십, 시스템, 복제, 임파워먼트(위임, empowerment) 등에서 긴급하게 되는 것이 하나라도 있을까? 결국 해답은 Q2 즉, 2사분면에 있다. 그런데 대부분의 사람들은 2사분면의 존재를 잘 모른다. 왜? 아무도 가르쳐주지 않았기에 배우지 못했기 때문이다.

크게 성공한 사람들을 한번 살펴보라. 중요한 일을 하고 있는 것 같은데 바쁘게 설치지 않는다. 왜냐하면 시스템 속에서 다 해결되고 있고 또한 나를 대신하여 다른 리더들이 다 처리하고 있기 때문이다. 그래서 시스템을 구축하는데 시간과 비용을 많이 투자하는 것이다.

거기에 비해 조금 성공한 척하는 사람은 무척 바쁘게 움직인다. 시스템이 제대로 구축되지 않았기 때문이다. 그런 사람들을 보면 어쩌면 정말 중요한 일들은 처리하지 못하고 있을지도 모른다는 안타까운 생각이 들기도 한다. 피터 드러커는 "시스템이 작동되는 곳은 조용하다"고 했다. 그 말의 의미를 조용히 되새겨 보기 바란다.

하버드 비즈니스 리뷰(Harvard Business Review)지에 소개된 『바쁜

매니저를 조심하라(Beware the Busy Manager)』라는 책의 일부 내용을 옮겨본다.

"관리자들의 90%는 조직의 핵심목표에 집중하지 못하거나 핵심목표가 아닌 일을 하고 있다. 그들은 생산적인 활동(Business)과 비생산적인 바쁨(Busyness)을 혼동하여 정신없이 움직인다."

진정한 내공이 있는 성공자와 일반 성공자의 차이는 중요한 일을 하긴 하는데 긴급하게 하느냐, 긴급하지 않게 하느냐의 차이에 있다. 1사분의 긴급하고 중요한 일들은 원래는 1사분면의 일이 아니었다. 어디선가 옮겨 온 것이다. 어디서 왔을까? 2사분면이다. 2사분면에서 사전에 충분히 계획하고 그 계획에 따라 처리되지 않았기 때문에 1사분면의 일이 된 것이라는 사실을 명심할 필요가 있다. 이러한 사실에도 불구하고 리더가 계속해서 1사분면의 일에만 집중하여 허겁지겁 바쁘게 살아간다면 그 조직의 미래는 위험할 수 있다.

성공을 원한다면 그것이 무엇이든 내 안에 시스템을 세우고, 내 팀의 시스템을 세우고, 내 그룹의 시스템을 세우는 일에 최우선순위를 둬야 한다. 내 팀이 작을 때, 내 그룹이 아직 성장하지 않았을 때부터 시스템을 세우고 스스로 따르는 습관을 키워야 한다. 그렇지 않으면 나중에는 1사분면의 일을 처리하느라 정신없이 바빠지게 되어 결국 시스템을 세우는 2사분면의 일은 점점 요원하게 된다.

상위 직급으로 올라갈수록 수입이 일시적으로 커지니까 더더욱 그런 현실에 안주하기 쉽다. 하지만 성장에 한계가 오기 시작하고 보이지 않는 어디선가부터 탈이 나기 시작하고, 결국 어디서부터 손을 대야 할지 모르는 순간이 올 수 있음을 명심해야 한다. 미래는 꿈꾸고 준비된 자의 것이다. '준비'는 중요한 2사분면의 일이다.

"사업을 지속하는 힘은 시스템에 있고 시스템을 지속하는 힘은 사람에게 있다"고 했다. 그러면 사람을 지속하는 힘은 어디에 있을까? 바로 '꿈'이다. 결국, 리더가 어떤 꿈을 가지고 있느냐에 따라 만드는 시스템도 달라진다.

돈만 벌면 된다는 꿈을 가진 리더도 있을 수 있고, 좋은 사람들과 함께하는 좋은 삶을 꿈꾸는 리더도 있을 수 있다. 돈이 우선인지, 사람이 우선인지는 리더의 내면에 자리 잡은 원칙과 가치에 따라 다를 것이다. 또한 그 원칙과 가치는 그 사람의 삶의 경험에 따라 다를 것이다. 정말 큰 슬픔과 아픔의 고통을 겪어 본 사람은 사람을 더 잘 이해하고 깊게 관계할 수가 있다. 삶의 원칙과 가치도 다르고 삶에서 추구하는 바도 다르다.

리더는 팔로워보다 더 많이, 더 멀리, 더 빨리 보는 사람이다. 그러기 위해서는 리더가 가장 많이 배움에 힘써야 한다. 리더의 배움은 수많은 사람들에게 영향을 끼친다. 그래서 "영향력 있는 리더는 결코 한 사람이 아니다"라고 했다. 리더의 배움이, 리더의 꿈이, 리더의 의식이 시스템에 녹아들어 시스템의 정교함과 완성도를 높이게 된다. 결국, 부(富)와 성공(成功)은 시스템이 만들어낸다. 누구나 따르기만 하면 성공할 수 있는 시스템 속에 있다는 것이 얼마나 감사한 일인지 모른다. 그것은 리더를 통해 하늘이 만들어준 축복이고 선물이다. 리더는 또 다른 창조자(創造者, creator)이다.

이제 플랭클린코비사가 제시하는 조직의 바람직한 문화를 만들기 위한 네 번째 요소인 '공통의 언어를 사용한다(shared language)'에 대해서 간단히 살펴보자.

하나님은 인간들이 타락하여 하나님의 권위에 도전하는 바벨탑을 쌓아 올리자 인간들이 다시는 단합할 수 없도록 언어(言語)를 나눠버렸다고 했다. 말이 달라지면 생각도 달라진다. 비전을 이루기 위해서는 팀워크가 생겨야 한다. 팀워크가 생기기 위해서는 생각이 같아져야 하고, 생각이 같아지기 위해서는 말이 같아져야 한다.

유수의 기업체를 비롯하여 많은 조직들이 Q2문화를 만들기 위해 많은 비용과 노력을 들이고 있다. 그런데 Q2문화를 만들기 위해서는 조직원들이 Q2라고 하면 무슨 뜻인지를 알아야 한다. 그렇지 않다면 소통에 문제가 생긴다. 또한 승승 문화(win-win culture)를 만들기 위해서는 인간관계의 여러 가지 패러다임 중 승승의 관계 그리고 풍요의 심리(abundance mentality) 등에 대해서도 알아야 한다. 이렇게 되기 위해서 조직원들이 이와 관련된 교육을 함께 받아야 한다. 그래야 공통의 언어를 이해하고 함께 사용할 수 있게 되며 결국 그런 것들이 쌓여서 조직의 문화가 만들어진다. 그래서 교육의 역할이 매우 중요한 것이다.

네트워크마케팅 회사에 강의를 다녀보면 교육 담당자들의 말을 통해 그 회사의 CEO 또는 리더의 생각을 알게 된다. 조직의 바람직한 문화 창출보다는 결과물에 대해서만 집착하는 리더는 교육에 대해서도 어정쩡한 태도를 취한다. 교육이 직접적으로 결과를 만들어 낸다고 생각하지 않기 때문에 교육을 투자로 생각지 않고 비용으로만 생각한다. 그렇다고 교육을 하지 않으려니 불안해서 일회성 또는 최소한으로 하는 시늉만 하거나 전시용으로 하는 것이다. 그렇게 해서는 효과성이 떨어질 수밖에 없다.

효율성과 효과성의 개념을 이해하는 것도 중요하다. 효율성(efficiency)은 단기적인 것이고 효과성(effectiveness)은 장기적인 것이다. 사람도 삶도 장기적이다. 그래서 사람에게는 효율성보다는 효과성을 추구해야 한다. 사람을 바꾸기 위한 교육도 효과성을 추구한다. 효율성만 추구하는 짧은 호흡으로는 큰 성공을 이룰 수 없다. 가정도 그렇고 회사 조직도 그렇다.

신뢰하는 문화는 좋은 시스템을 일관성 있게 장기적으로 운영되어야 만들어진다. 그렇게 만들어진 문화 속에서 사람이 올바르게 길러지고 장기적이고 올바른 성공도 가능하다. 피터 드러커는 "매니지먼트는 일을 올바르게 하는 것이지만(To do things right), 리더십은 올바른 일을 하는 것이다(To do right things)"라고 했다. 올바른 사람만이 올바른 일, 올바른 성공을 할 수 있다.

네트워크마케팅 리더들에게 올바른 일 중 하나는 파트너들이 올바른 성공을 할 수 있도록 도와주는 것이다. 그 성공을 도와주기 위해서는 정교한 성공시스템을 구축하고 제시해야 한다. 리더의 온갖 역량을 다 쏟아 부어서라도 반드시 정교하고 신뢰하는 성공시스템을 뿌리 내리게 하는데 성공해야 한다. 그 일에 리더의 사활(死活)을 걸어야 한다. 그렇지 못하면 파트너들의 성공을 반드시 도와주겠다는 약속은 아무리 지키려 해도 공염불(空念佛)이 될 가능성이 아주 높다. 그렇지만 그런 정교하고도 신뢰하는 성공시스템이 구축되어 있으면 그 약속은 지켜질 가능성이 많다. 왜냐하면 파트너의 성공은 내가 하는 것이 아니라 시스템 속에서 저절로 이루어지기 때문이다.

훌륭한 시스템이 훌륭한 문화를 만들고, 그런 문화 속에서는 훌륭한 사람이 나올 수밖에 없다. 잘 되는 그룹에는 분명한 이유가 있다. 그것은 바로 시스템과 문화다.

스폰서로서 나의 리더십 점수를 스스로 체크해보자.

1. 신뢰	1	2	3	4	5	6	7	8	9	10
2. 경청	1	2	3	4	5	6	7	8	9	10
3. 시스템	1	2	3	4	5	6	7	8	9	10

27~30점 : 최고의 스폰서 / 21~26점 : 훌륭한 스폰서 / 0~20점 : 평범한 스폰서
(더 나은 성장을 위한 자신의 성찰을 위해 단순한 참고용으로만 사용할 것)

CHAPTER II

파트너의
팔로워십
(Followership)

복제 | 믿음 | 자기쇄신

"모든 부하는 좋은 소식으로든 나쁜 소식으로든
상사를 놀라게 해선 안 된다." -피터 드러커

④ 복제(Duplication)

"이끌거나 따르거나 아니면 길을 비켜서라."

-덱스터 예거

오랜 전에 필자는 해운업에 종사했었다. 홍콩으로 출장을 가서 거래처 사무실을 방문하여 미팅을 하던 중 그들은 신규직원을 채용하지 않는다는 것을 처음 알게 되었다. 홍콩은 국제 비즈니스의 장(場)으로써 프로페셔널만 필요로 할 뿐 아마추어는 필요치 않다는 것이 그 이유였다. 덧붙여 설명하기를, 아직 결과물을 만들어내지 못하는 신규직원을 채용하여 월급을 줘가면서 일을 가르쳐 이제 쓸만하다 싶으면 다른 곳으로 가버린다는 것이다. 그래서 자기 회사뿐만 아니라 다른 회사도 마찬가지라는 것이었다. 그 이야기를 듣고 나름 일리가 있다는 생각이 들었다.

일반 기업체들은 조직의 미션과 비전을 달성하기 위해 필요한 일들은 가르쳐주지만 일반적인 성공 또는 인격의 완성 등에 대해서는 가르쳐 주지는 않는다. 그런데 이 모든 것을 가르쳐 주는 조직이 있으니 바로 네트워크마케팅 조직이다.

네트워크마케팅이 일반 기업체와 차별되는 점은 그뿐만이 아니다. 일반적인 사업은 함께하고자 하는 사람이 많으면 많을수록 경쟁이 심해지고 나의 몫 또는 내 조직의 몫은 상대적으로 작아지게 된다. 그런데 네트워크마케팅 조직은 함께하고자 하는 사람이 많으면 많을수록 내가 가져가야 할 몫도 더 커진다. 그래서 네크워크마케팅에서는 모든 것을 가르쳐 주는 것이다.

전자는 여태까지 우리가 삶 속에서 보아온 '수확체감(收穫遞減)의 법칙'이 작동하는 '제로섬(zero sum)' 즉, '승패(勝敗, win-lose)의 게임'이고 후자는 여태까지 전혀 접해보지 못한 '수확체증(收穫遞增)의 법칙'이 작동하는 '플러스섬(plus sum)' 즉, '승승(勝勝, win-win)의 게임'이다.

캐나다에서 벌목공의 아들로 태어나 온갖 고생을 다하면서 성공의 법칙을 정립하여 세계 최고의 세일즈맨이 되었고, 지금은 세계적인 동기부여가로 명성을 떨치고 있는 브라이언 트레이시(Brian Tracy)는 "성공은 흔적을 남긴다(Success leaves tracks)"는 유명한 말을 했다. 성공을 향해 달리는 사람들은 이미 성공한 사람들의 흔적을 따라가는 것이 가장 빠른 길이라는 뜻이다.

그 흔적이 고스란히 담겨 있는 틀이 바로 '성공시스템'이다. 모든 네트워크마케팅 회사 그리고 각 그룹에서는 먼저 성공한 리더들의 흔적을 담아 놓은 고유의 성공시스템이 있다. 초기사업자를 위한 교육 시스템도 있을 수 있고 리더 사업자를 위한 세계적인 리더십 프로그램을 그룹 교육 시스템으로 장착한 회사도 있다. 그러한 시스템을 배우지 않고서는 성공은 요원할 것이다.

배움에는 자신의 직접적인 경험을 통해 아는 것이 가장 확실하다. 하지만 직접적인 경험을 통해서만 배우려는 사람은 어리석은 사람이 될 가능성도 많다. 왜냐하면 인생의 시간이 무한정 주어지진 않기 때문이다. 그래서 효과적인 성공의 삶을 사는 사람들은 먼저 경험한 성공자 또는 선현들이 남겨놓은 책이나 시스템을 통해 간접적으로 빠르게 배운다. 성공자들은 판단이 빠르고 될 때까지 지속하는 습관을 갖고 있는 반면에 일반인들은 판단이 느리고 한 번 결단한 것도 작은 난관에 부딪히면 쉽게 바꿔버리는 습관을 갖고 있다. 그래서 '성공은 습관이다'라고 했다.

네트워크마케팅이 올바른 사업인지 아닌지 판단하고 결정하는 것은 본인의 원칙과 가치에 따라 본인이 해야 한다. 본인이 판단하고 선택해야 그 결과에 대한 책임도 본인이 질 수 있는 것이다. 또한, 본인이 이 사업을 선택했으면 어떤 길이 가장 빠른 성공의 길인지도 스폰서의 안내와 도움 그리고 교육 등을 참고로 하되 궁극적이고 최종적인 판단은 본인이 해야 한다. 즉, 스폰서나 리더의 성공 흔적을 고스란히 담아 놓은 '성공시스템'을 따르는 것이 나을지 아니면 다른 길이 나을지도 본인이 판단해야 한다.

그런데 시스템이 아닌 다른 길을 선택할 때는 반드시 고려해야 하는 요소가 있다. 나는 할 수 있다고 생각하는 그 길을 과연 나의 파트너들도 나처럼 따라 할 수 있을지를 심사숙고해야 한다. 사회적인 성공을 거둔 소위 능력자들이 자초하는 실수 중의 하나가 바로 이것이다. 나는 할 수 있지만 파트너들이 쉽게 따라할 수 없을 것 같으면 그것은 성공시스템이 되기 어렵고, 성공시스템이 없이는 파트너들을 성공자로 키울 수가 없고, 결과적으로 내 성공도 장기적으로 지켜낼 수가 없다.

시스템은 단순해야 하고 누구나 따라할 수 있도록 쉬워야 한다. 복잡한 것은 힘이 없다. 단순한 것이 힘이 있다. 진리는 복잡하지 않다. 예수, 부처, 공자께서 설법(說法)한 진리(眞理)가 다르다고 생각하지 않는다. 진리는 초등학생이면 다 배우고 실천할 수 있다. 그런데 어른이 되면서 점점 그 실천이 힘들어질 뿐이다. 어쩌면 어린 아이처럼 순백의 도화지가 되어 시스템이 가르쳐 주는 대로 따를 수 있는 순박한 사람이 더 쉽게 성공할 수 있는 사업이 네트워크 마케팅이다.

왜냐하면 함께하는 사람이 많으면 많을수록 나의 몫이 줄어드는 그런 승패(win-lose) 또는 상극(相克)의 사업이 아닌, 함께하는 사람이 많으면 많을수록 나의 몫이 더 커져가는 승승(win-win) 또는 상생(相生)의 사업이기 때문에 조금의 숨김도 없이 성공의 흔적을 누구나 배울 수 있도록 쉽고도 정교하게 다 담아 놓은 온전한 성공시스템이기 때문이다.

복(福) 있는 자는 보고 들을 것이다. 사람은 자기 안에 있는 것만을 보기가 쉽다. 승승의 마인드가 있는 사람은 '이런 사업도 있구나' 하는 믿음이 들 수 있지만, 승패의 마인드가 강한 사람은 '이런 사업이 있을 수 있는가?' 하는 의심이 들 가능성이 많다. 사실 '의심'과 '두려움'은 인간의 생존 또는 성공에 순기능(順機能)과 역기능(逆機能) 둘 다를 가지고 있다.

아리스토텔레스는 "남을 따르는 법을 알지 못하는 자는 좋은 지도자가 될 수 없다"고 했다. 스티븐 코비 박사는 "리더는 남에게 영향을 끼치기 전에 반드시 영향을 먼저 받아야 한다"고 했다. 훌륭한 리더 사업자가 되기 위해서는 먼저 훌륭한 팔로워 사업자가 되어야 한다. 스폰서 리더들이 만들어 놓은 그룹의 모든 시스템을 배워 내 것으로 체화할 수 있을 때 비로소 성공은 시작된다고 볼 수 있다. 왜냐하면 네트워크마케팅은 '복제(複製)사업'이기 때문이다.

존 맥스웰의 명저 『리더십 21가지 불변의 법칙』 중 '복제의 법칙'에는 다음과 같은 말이 있다. "리더를 키워내려면 리더가 있어야 한다. 왜냐하면 리더만이 리더를 키울 수 있기 때문이다. 복제하려면 원판이 필요하다. 성장에 더하기를 하려면 단순한 팔로워를 이끌고, 성장에 곱하기를 하려면 열정을 가진 리더를 이끌어라."

열정을 가진 핵심 리더를 만들어내는 것이 사업의 관건이다. 열정 리더를 만들려면 내가 열정 리더가 되지 않으면 불가능하다. 그룹의 모든 교육 시스템을 내 것으로 체화하지 않고서는 그룹의 열정 리더가 될 수 없다. 따라서 복제의 법칙에 따라 열정 파트너 리더를 만들어 낼 수 없고 사업의 폭발적 성장은 불가능하다.

내가 리더가 되었는지 아직 안 되었는지는 어떻게 알 수 있을까? 정말 제대로 된 리더가 되었는지 아닌지 어떤 기준으로 알 수 있을까? 궁금하지 않는가? 그것은 다른 기준이 아닌 '상위 리더의 인정'이다. 상위 리더가 핵심 리더로 인정하고 교육시스템과 같은 그룹의 중요한 일을 의논하고 맡기면 리더가 된 것이다. 왜 그럴까?

존 맥스웰은 리더가 되는 3가지 유형을 말했다. 첫째는 천부적으로 타고난 리더로서 10% 정도 된다. 둘째는 위기에 봉착하여 극복하기 위해 애를 쓰다가 리더십이 길러진 리더로서 약 5% 정도 된다. 셋째는 약 85%의 리더가 여기에 해당되는데 그것은 놀랍게도 '상위 리더에 의해서 길러진 리더'라는 것이다.

여기서 우리는 두 가지 메시지를 읽을 수 있다. 첫째는 대부분의 평범한 사람들도 리더가 될 수 있다는 것이고, 둘째는 상위 리더의 존재 및 역할의 중요성이다. 그래서 상위 리더가 인정하는 그 사람이 리더라고 봐도 전혀 무리가 없는 것이다. 어쩌면 다른 어떤 구체적인 조건보다도 더 정확하다고 볼 수 있다.

끝으로 복제(duplication)와 복사(copy)의 차이점을 잠시 살펴보고

자 한다. 해운업에 종사할 때 용선계약서(傭船契約書, charter party)는 항상 원본(原本)을 세 부 만들어 한 부는 선주, 한 부는 용선주, 또 한 부는 중개인이 보관했다. 계약서가 전부 영어로 되어 있기 때문에 원본이라는 표시도 다음과 같이 스탬프가 찍혔다. The Original, The Duplicate, The Triplicate. 그 외에 필요한 복사본은 The Copy라고 찍어 발행했는데 이것은 참고용일 뿐 원본과는 완전히 다르고 가치도 거의 없다.

스폰서를 복제하고 시스템을 복제하는 것은 듀플리케이션이지 카피가 아니다. 카피는 오리지널이 아니며 영혼이 없다. 하지만 듀플리케이션은 두 번째 오리지널이며 영혼(靈魂)이 있다. 즉, 스폰서와 시스템을 복제한다는 것은 내가 없어지는 것이 아니라 나를 재창조(再創造)하는 것이다. 재창조된 내가 또 다른 복제의 원판 즉, 오리지널(original)이 되는 것이다. 그렇게 원판이 계속 복제되어 그룹이 커져 가는 것이다.

그래서 "성공은 너 자신이 되는 것이다(Success is being yourself)"라고 했다. 영혼도 없이 자신이 주체(主體)가 되지 못하는 삶 속에는 진정한 성공은 없다. 자신(self)을 더욱 사랑하고 내면의 끊임없는 대화를 통해 영혼을 살찌우고 어디를 가든 주인(主人)이 되어야 한다. "우리의 영혼은 생각의 색깔로 물든다"라고 파스칼은 말했다. 단순한 복제가 아닌 진정한 복제 즉, 더 멋진 재창조를 해야 한다.

존 맥스웰의 말을 기억하라. "리더만이 리더를 키울 수가 있다.

복제에는 원판이 필요하다." 내가 얼마나 시스템 복제를 잘 하느냐가 내 파트너의 미래와 내 그룹의 미래를 결정한다. 내가 1cm만 틀려도 나의 파트너는 1,000m가 틀릴 수 있다. 내가 열정 리더가 되면 열정 리더가 복제가 되고 나의 그룹은 곱하기 성장을 할 수 있다. 네트워크마케팅은 복제가 무서울 만큼 중요한 사업이다.

제대로 된 복제도 중요하지만 복제를 위한 타이밍(timing)도 매우 중요하다. 초기 사업자들이 실패하거나 성공이 늦어지는 것은 성공시스템에 플러그 인(plug in)하는 타이밍을 놓치기 때문이다. 그 타이밍을 놓치고 나면 파트너들이 생겨나는데, 몰라도 모른다고 할 수 없는 어정쩡한 상태에 끼일 수가 있다. 본인도 힘이 들고 주변도 힘이 들게 한다. 그래서 네트워커에게는 타임(time)보다 더 중요한 것이 타이밍이다. 사업 초기에 시스템 복제를 게을리하여 성공을 더디게 하는 우(愚)를 범하지 않길 바란다.

⑤ 믿음(Belief)

"네 믿음이 창조의 증거를 불러올지니…"
―네빌 고다드

옛날에 어떤 노파가 열심히 절에 다니며 지성으로 불공을 드렸으나 배운 것이 없어 법문을 한 마디도 알아들을 수가 없었다. 하루는 스님을 찾아가 "제가 법문이 어려워 못 알아듣겠으니, 간단한 법문 하나만 말씀해 주시면 잘 받들어 모시겠습니다"하고 간청하였다. 스님은 이 말을 듣고 "즉심시불(卽心是佛, 이 마음이 곧 부처다), 이 한마디를 외우면 큰 공덕이 있을 것이오"라고 일러 주었다. 그 노인은 이 말을 '짚세기불'로 알아듣고 공덕이 크리라는 스님 말씀만 좇아, 자나 깨나 오나가나 "짚세기불, 짚세기불"하며 지성으로 읊었다. 그 결과 노파는 마침내 큰 깨달음을 얻게 되었다. 입으로는 비록 '짚세기불'을 불렀지만, 온통 부처님을 향한 그 한 가닥 깨끗한 믿음, 맑은 그 한마음 때문에 노파는 밝아질 수 있었던

것이다.(출처, 행복한 마음, 김정섭 저)

과연 믿음이란 무엇일까? 성경에 말하는 "겨자씨만한 믿음만 있어도 산을 옮길 수 있다"는 그 믿음은 무엇일까? 믿음은 창조(創造)와 관련이 있음이 틀림이 없다. 성경에는 이런 말이 나온다. "네가 무엇을 원하든지 간에 이미 받았다고 믿어라. 그리하면 받게 될 것이다."

인간에게는 상상할 수 있는 능력이 있다. 상상력도 창조와 관련 있음이 틀림없다. 내가 간절히 원하던 소중한 뭔가를 받게 되면 기분이 어떨까? 하늘을 나는 듯한 멋진 기분이 아닐까? 이미 받은 듯한 느낌(feeling)을 지속하면 결국 현실 속에서도 얻게 된다는 것이다. 즉, 믿음은 머리로 하는 것이 아닌 가슴으로 완전한 느낌 속에 머무르는 것이다.

예전에 전 세계적인 베스트셀러였던 론다 번의 『시크릿(Secret)』을 읽은 적이 있다. 그때의 솔직한 느낌은 우주의 비밀의 문이 환히 열리는 느낌이었다. 사실, 그 책이 나오기 전부터 그런 내용의 강의를 하고 있던 필자에게는 더욱 큰 임팩트(impact)가 있었다.

그 내용을 세 단어로 표현하면, '생각은 현실이 된다(Thoughts become things)' 즉, 생각대로 이루어진다는 것이다. 생각은 보이지가 않기에 잡을 수도 없고 일관성을 유지하기가 쉽지 않다. 그래서 생각대로 현실에서 잘 이루어지지 않는 것이다. 그런데, 하나님은 감사하게도 우리가 무슨 생각을 하는지 그 생각들을 하나도 빠뜨리지 않고 다 잡아서 우리에게 되돌려 주는데 그것이 바로 '감정(感情, feeling)'이라는 것이다. 그때의 '아~~~'하는 깨달음은 오래 동안 잊을 수 없을 것이다.

감정은 항상 온전히 느낄 수가 있다. 느낌은 보는 것과 같은 오관(五官)의 작용이다. 그래서 잡을 수가 있다. 내가 슬프거나 우울한 느낌이 든다면 틀림없이 부정적인 생각을 하고 있으며, 반대로 기쁘거나 활기찬 느낌이 든다면 틀림없이 긍정적인 생각을 하고 있는 것이다. 그래서 보이지 않는 생각을 잡기보다는 항상 보이는 좋은 느낌 속에 머무르기 위해 노력하는 것이 중요하다. 즉, 성취된 완전한 느낌 속에 머무르게 되면 성취가 빨리 일어나게 된다.

그렇다면 그 믿음은 어떻게 창조의 증거를 불러오는 것일까? 창조의 비밀에 대해 성경에서는 "하나님은 전능하시어 일반인들이 모르는 길을 알고 있다"고 했고, 금강경에 "부처님은 모든 것을 다 알고 있고 다 보고 있다(실지실견, 悉知悉見)"고 했다. 신은 다 알고 보고 있을 뿐만 아니라 우리들이 모르는 길을 알고 계시기에 우리 믿음대로 창조해 주신다고 생각하면 간단하다. '즉심시불(卽心是佛)'을 '짚세기불'로 믿어 깨달음을 얻은 그 노파처럼 말이다.

하지만 실제 믿음이란 것은 그렇게 간단하지만은 않다. 그래서 믿는 자에게 복이 있다고 했는지도 모른다. 현대인들은 과학을 신보다 더 맹신한다. 과학적이라는 말만 붙으면 무조건 믿는 경향이 많다. 그동안 과학이 인류에게 가져다 준 정신적 물질적 혜택을 감안하면 이해 못할 바도 아니다. 1998년 이스라엘 와이즈만 과학원(The Weizmann Institute of Sceience, Israel)에서 실시되었던 인류 역사상 가장 아름다웠던 과학 실험을 소개하고자 한다.

입자(粒子)로 구성된 물질은 아무리 잘게 쪼개어도 물질(입자)이어야 한다. 더 이상 쪼개어질 수 없다고 해서 이름 지어진 원자(原子, atom)까지는 물질이 맞다. 그런데, 과학이 더 발달하여 원자를 더 잘게 쪼개어 보니 물질이 아닌 파동(波動)이 된다는 것을 밝힐 수 있었다. 그것이 바로 '양자(量子, quantum)'인데 '더 이상 나눌 수 없는 에너지의 최소량의 단위'이다. 그 양자 실험을 1998년 와이즈만 과학원에서 실시했는데 그것이 바로 '이중 슬릿 실험(double slit experiment)'이다.

실험의 구체적인 실시 방법과 결과에 대해서는 여기서는 설명을 생략하니 인터넷 검색을 해 보길 바란다. 그 실험에 의하면 물질 즉, 입자를 쪼개니 파동이 되고 그 파동이 사람의 마음을 알아차린다는 것이다. 즉, 물질이 사람의 마음을 안다는 것이다. 신이 사람의 마음을 알아보고 창조를 한다는 것보다 더 받아들이기 어려운 사실이다. 하지만 그것이 현대 물리학, 양자역학(量子力學, quantum mechanics)이고 사실이다.

여기에 대해서 유명한 양자물리학자 프레드 알란 울프 박사는 '신의 요술(god's trick)', '신의 마음(mind of god)'이란 표현을 썼다. 그는 말한다. "우리가 뭔가를 관찰하면 그 순간 이 물체는 순식

간에 특정 상태가 됩니다. 관찰하고 있지 않을 때는 그 관찰 대상이 동시에 여러 가지 다양한 형태로 있을 수 있고요. 원자는 다양한 에너지 상태로 존재할 수 있어요." 이것을 '관찰자 효과(observer effect)'라고 말한다. 그는 양자역학과 영성의 개발을 주제로 강의를 하는 유명 저자로서 『시크릿(Secret)』에도 등장한다.

최근에는 우주의 모든 공간을 구성하는 최소단위의 물질, 즉 미립자로 알려진 힉스(higgs)입자의 존재가 연구되고 있다. 힉스입자의 존재는 1964년 피트 힉스(Peter Higgs)에 의해 알려졌으며 우주의 모든 공간을 채우고 있는 입자로 추측되고 있다. 이는 자연 속에서는 관찰되지 않기 때문에 입자 가속기로 입자를 충돌시켜 그 존재를 밝히는 실험을 진행하고 있다(출처: 네이버 지식백과).

"미립자들은 우주의 모든 정보, 지혜와 힘을 갖고 있는 무한한 가능성의 알갱이들이다." -노벨 물리학자, 하이젠베르크

"고도의 지능을 가진 배후의 마음이 모든 것을 창조한다."
-노벨 물리학자, 플랑크

"우주에는 인간의 상상을 초월하는 거대한 마음이 있다."
-노벨 물리학자, 아인슈타인

과학으로 밝혀지는 이러한 사실에 대해서 2500여 년 전에 부처님은 이미 반야심경에서 '색즉시공 공즉시색 색공불이(色卽是空 空卽是色 色空不二)'라고 밝히셨다. 참으로 대단하지 않는가? 색(色, 입자)과 공(空, 파동)이 둘이 아닌 하나라는 것이다.

아인슈타인 생존 당시에 과학계에 유명한 담론이 있었다. 그것은 바로 '빛은 입자인가, 파동인가?' 하는 것이었다. 그 뜨거운 논쟁에 아인슈타인의 한마디가 종지부를 찍었는데 그것은 바로 '빛은 입자이기도 하고 파동이기도 하다'는 말이었다. 색즉시공이고 공즉시색이다. 또한, 물질은 분자까지는 구성이 모두 다르다. 학교에서 분자식을 배웠을 것이다. 그런데 원자 밑으로 내려가면 즉, 양자는 모두 파동으로 똑같다. 우리는 모두 파동으로 하나이며 다 연결되어 있다. 어쩌면 그 전체가 바로 우리가 믿는 신(神)은 아닐까?

스탠포드 대학의 틸러 박사는 '인간의 99.9999%는 빈 공간이다'라고 했다. 불교의 수행도 그 공(空), 무(無)를 깨닫는 것이 아닐까? 영혼불멸의 영혼은 육신이 죽어도 끄떡없이 살아있는 미립자는 아닐까? 인간의 상상은 우주를 품고도 남는다.

> "인간은 우주라는 전체의 티끌에 불과하다. 인간은 자신을 우주와 분리된 개체로 살아가지만 이런 시각적 착각이 인간을 고통의 감옥에 빠뜨린다." -아인슈타인

"천지는 나와 같은 뿌리에서 나왔고 만물은 나와 같은 하나다(天地如我同根, 萬物如我一體)." -승조 법사

진리가 서로 다를 수 있을까? 우주 및 창조의 본질에 대해서도 어쩌면 이렇게 동서양 현인들이 말하는 진리도 똑같을 수 있을까? 너와 내가 서로 다르지 않다. 남에게 하는 것이 바로 나에게 하는 것이다. 그러므로 네 이웃을 네 몸처럼 사랑하라는 것이다. 마찬가지로 정신(空)과 물질(色)이 똑같다(不二). 보이는 모든 것은 보이지 않는 것에서 태어난다. 인간도 육영(肉靈)이 아닌, 영육(靈肉)의 존재라고 한다. 보이지 않는 영(靈)이 보이는 육(肉)보다 더 중요하다는 뜻이다. 또한, 음양(陰陽)이라고 하지 양음(陽陰)이라고 하지 않는다. 음(陰)이 양(陽)보다 먼저라는 얘기다.

모든 것은 두 번 창조된다. 첫 번째 창조는 정신적(精神的) 창조이고 두 번째 창조는 실제적(實際的) 창조이다. 주변을 한 번 둘러보라. 두 번의 창조 과정을 거치지 않은 것이 있는지. 건물도 누군가 상상을 하고 그것이 설계 도면으로 나온 후 지어졌고, 이 책을 쓰는 것도 정신적으로 먼저 구상한 후 지금 이렇게 글로 쓰는 것이다. 그래서 진리는 기원전 3000년경 에메랄드 석판에 새겨져 있었다는 "하늘에서 그러하듯이 땅에서도 그러하리라, 내부에서 그러하듯이 외부에서도 그러하리라(As on heaven So on earth, As within So without)"이다.

결론은 내부의 믿음이 외부의 창조로 이어지는 비밀 열쇠임에는 틀림이 없다는 것이다. 그 믿음이 이성적인 계획의 실천 메카니즘을 통해서 이루어지든 아니면 불가사의(不可思議)한 방법으로 기적적으로 이루어지든 상관없이 말이다. 결국은 믿음이 없이는 아무것도 이룰 수 없다. '두 번 창조'의 원칙을 받아들인다면, 첫 번째 창조를 잘하는 사람이 두 번째 창조도 잘 할 가능성이 많다. 그 첫 번째 창조가 바로 상상(imagination)이고 믿음(belief)이고 느낌(feeling)이다. 특히 우리가 살아가는 21세기는 더욱 그렇다.

우리는 늘 원하는 결과(結果)에 서 있어야 한다. 그 결과에 마음을 고정하고 움직이지 말아야 한다. 성경에 "네가 무엇을 원하든지 간에 이미 그것을 받았다고 믿어라. 그러면 받게 될 것이다", 그리고 "믿음은 머리로 하는 것이 아닌 가슴으로 완전한 느낌 속에 머무르는 것이다"라고 했다. 이미 받은 그 결과에 서 있어 마음을 움직이지 않는 것 그것이 바로 믿음의 요체(要諦)이다. 그리하면 내가 원하고 상상하는 것이 서서히 실체로 구체화될 것이다. 상상과 느낌 즉, 믿음이 창조의 열쇠다.

네빌 고다드는 '가역성(可逆性)의 법칙(The law of reversibility)'을 말했다. 물질로부터 에너지를 만들 수 있으며 역으로 에너지로부터 물질도 만들 수 있다. 소리가 역학운동을 일으키며 그 역학운동으로부터 소리도 만들어 낼 수 있는데 그것이 바로 축음기의 원리다. 원인과 결과가 뒤바뀔 수도 있다는 것이다.

작용과 반작용도 마찬가지이다. 누군가의 자극(작용)에 대해서 반응(반작용)을 일관되게 선택하면 자극이 바뀔 수가 있다. 예를 들어 누군가가 나를 놀리는 자극에 대해서 더 이상 애달파하지 않고 계속 의연하게 반응하면 더 이상 놀리는 것이 재미없어 그만두게 된다. 즉, 반응이 자극을 바꾼 것이다.

우리는 인과의 법칙에 의하여 원인이 결과를 낳는 것에 대해서는 너무도 잘 안다. 하지만 이제는 가역성의 법칙을 이해하고 우리의 마음을 원하는 결과에 서서 고정하게 되면 원하는 것이 현실로 변할 수 있음도 알게 되었다. 중요한 것은 얼마나 단단히 고정시켜 흔들리지 않고 계속적으로 유지하느냐는 것이다. 이것이 믿음의 법칙이고 이것이 형이상학(形而上學)이 형이하학(形而下學)을 낳는 심상학(心象學)이다. 그래서 네빌 고다드는 "풍요의 느낌은 풍요의 실재보다 앞서야 한다"고 했다. 이제는 그 의미가 잘 와 닿을 것이다. 느낌이 믿음이고 첫 번째 창조이며 그리고 결과에 서 있는 것이다.

네트워크마케팅 사업은 특히 이런 심상학이 중요하다. 왜냐하면 큰 자본을 투자하는 것도 아니고 학력, 전공, 성별, 연령에 있어 어떤 조건도 두지 않기 때문이다. 돈을 수억 원 이상 투자해 놓았으면 스스로 사람을 찾고 배워서 성공시스템을 구축하려는 노력을 다 할 것이다. 어떤 조건을 어렵게 통과한 사람들도 마찬가지로 비슷한 노력을 할 것이다.

그런데 이 사업에서는 그런 것들이 없다. 오직 마음으로 하는 것이다. 그래서 '마인드 만들기 게임'이라 하기도 한다. 리더의 마인드를 만들어가야 한다. 리더의 마인드를 만들면 리더의 행동이 나오고 그 행동이 리더의 습관이 되고, 리더의 성품이 되어 원하는 리더의 멋진 인생이 되는 것이다.

이제 막 사업을 시작하는 신규 사업자에게는 세 가지 믿음이 있어야 한다. 첫째는 회사에 대한 믿음이고, 둘째는 스폰서에 대한 믿음이고, 셋째는 시스템에 대한 믿음이다. 물론 회사에 대한 믿음은 그냥 생기지는 않는다. 충분한 검증 후에 가지는 믿음은 본인의 몫이다. 인연으로 맺어진 스폰서와 성공으로 이끌어 줄 시스템에 대한 믿음은 관계와 시간 속에서 쌓아갈 몫이다. 회사, 스폰서 그리고 시스템에 대한 삼위일체와 같은 완전한 믿음만이 성공을 가져다 줄 것이다.

⑥ 자기쇄신(Self-Discipline)

"가장 으뜸 되는 승리는 자신을 정복하는 것이다."
―플라톤

대학 동기 중에 공직에 나가 고위 공직자가 된 친구가 있는데 그 친구의 카카오톡에는 항상 '총욕약경(寵辱若驚)'이라는 사자성어가 프로필 메시지로 적혀 있었다. 노자의 도덕경에 나오는 유명한 구절인데 '총애와 욕됨을 마치 놀란 듯이 대하라'는 뜻인데, 총애를 받았다고 우쭐대지 말고 치욕을 당했다고 비굴해 하지 말고, 어느 쪽을 당하든 약간 놀란 정도로만 반응하라는 말이다.

실제로 그렇게 하기는 쉽지가 않다. 또한 사람이 잘 나갈 때는 어려울 때를 생각하기가 쉽지 않다. 그런데 이런 삶의 자세를 갖고 있는 친구는 좀 다르지 않을까? 잘될 때나 잘못될 때나 늘 자신의 부족함을 살피며 쇄신하며 나아가지 않을까 생각한다. 실제로 그 친구와 만나서 얘기를 나눠보니 그런 삶의 태도와 철학이 배어나

왔다.

존 맥스웰은 성공을 위해서는 양 날개가 필요하다고 했다. 하나는 '목표설정(goal setting)'의 날개이고 또 하나는 '자기쇄신(self discipline)'의 날개이다. 아무것도 겨냥하지 않으면 아무것도 맞출 수 없다. 목표설정의 중요성은 아무리 강조해도 부족함이 없다. 앞에서도 설명했듯이, 모든 것은 두 번 창조된다는 원칙을 받아들인다면 첫 번째 창조인 목표설정을 잘하는 사람이 두 번째 창조인 실제적 창조를 잘 할 가능성이 훨씬 높다. "실패를 계획해서 실패하는 것이 아니고 목표를 설정하지 않았기 때문에 실패한다"고 했다. 목표설정, 실행 그리고 피드백의 끊임없는 반복이 성공이다.

여기서 강조하고자 하는 날개는 바로 끊임없는 자기쇄신이다. 재미있는 얘기가 있다. 어느 날 한 학생이 아인슈타인에게 "당신은 그렇게 해박한 지식을 가지고 계신데 어째서 배움을 멈추지 않습니까?"라고 물었다. 이에 아인슈타인은 답하기를 "이미 알고 있는 지식이 차지하고 있는 영역을 '지식의 원'이라고 한다면 원 밖의 부분은 모르는 영역이 됩니다. 그런데 '지식의 원'이 커지면 원의 둘레도 점점 늘어나 접촉할 수 있는 미지의 부분이 더 많아지게 되지요. 이런데 어찌 게으름을 피울 수 있겠습니까?"라고 대답을 했다고 한다.

이것이 바로 그 유명한 '지식의 원' 이야기다. 알면 알수록 알게 되는 유일한 앎은 모르는 것이 더 많아진다고 했다. 실제로 우리는 지식의 원 밖을 다 모르지만 현실 속에서 우리가 인지하는 모름은 지식의 원 둘레밖에 없다는 것이다. 점만 아는 사람은 점 밖은 다 모르지만 인지하는 것은 점의 둘레뿐이기에 모르는 것도 거의 없는 것이다.

아래 그림을 보면 보다 이해하기 쉬울 것이다. 원의 넓이가 당신이 아는 영역이라면 당신이 인식하는 모름의 영역은 원의 둘레이다. 그래서 당신이 아는 것이 많아질수록 모르는 것도 많아지게 되는 것이다.

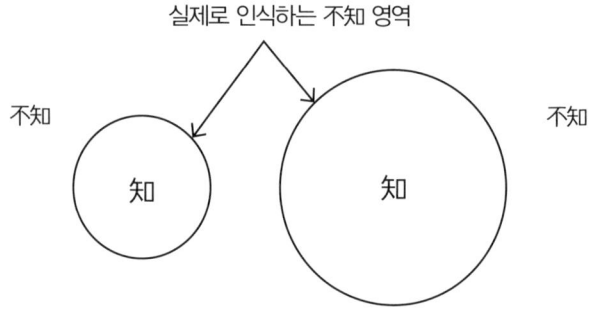

속된 말로 "무식한 놈이 용감하다"고 했다. 이해가 간다. 모르는 부분이 없기 때문에 겁도 없는 것이다. 남 말을 많이 하면 그것이 궁극적으로는 자신에게 돌아온다는 것을 모르면 뒷담화를 많이 할 것이고 관계가 좋아질 리가 없다. 구시화문(口是禍門) 즉, 입이 화(禍)의 문임을 모르니 어쩔 수 없는 것이다.

아는 것이 없는 사람은 모르는 것이 없기에 궁금한 것도 없고 그래서 배우지 않게 되고, 결국은 하향 나선형 삶의 악순환(惡循

環)에 빠지게 된다. 반대로 끊임없이 배움에 힘쓰는 사람은 배울수록 자신이 모르는 것이 더욱 많음을 알게 되고, 그래서 더욱 겸손한 자세로 배움에 정진하게 되고 결국은 상향 나선형 삶의 선순환(善循環)에 진입하게 되는 것이다.

공자의 친손자인 자사(子思)가 지은 중용(中庸)에 보면, 이와 꼭 같은 가르침의 말이 나온다.

> 혹(或) 생이지지(生而知之)
> 혹(或) 학이지지(學而知之)
> 혹(或) 곤지이지(困而知之)
> 급기지지일야(及其知之一也)

해석하면, 어떤 사람은 태어나면서부터 알고, 어떤 사람은 배워서 알고, 또 어떤 사람은 곤경을 통해서 알게 되는데, 그 앎에 도달하기만 하면 모두 하나라는 뜻이다. 성현(聖賢)들은 태어나면서부터 안다고 한다. 하지만 그것은 일반인들의 경지는 아닌 것 같다.

그렇다면 일반인들은 배움을 통해 알 필요는 있을 것인데, 그런 노력마저도 기울이지 않으면 어려움(困)을 통해서라도 알게 하려는 것이 하늘의 이치이기에, 배움에 힘쓰지 않으면 곤경에 처하게 되는 것이다. 어느 것을 통하든 알게 되기만 하면 모두 하나로 같다고 한다. 그렇다면 생이지지(生而知之)는 제쳐두고 학이지지(學而知之)하는 것이 낫겠는가, 아니면 곤이지지(困而知之)하는 것이 낫겠는가?

네트워크마케팅 사업은 인류역사상 처음으로 출현한 신개념의 상생의 사업이다. 아무리 기존 삶의 방식에서 탁월한 성공을 거둔 사람이라 하더라도 새롭게 배우지 않으면 성공할 수 없는 사업이다. 오히려 기존 삶의 방식에서 탁월한 성공을 거둔 사람일수록 네트워크마케팅 사업의 핵심이 승승을 추구한다는 것을 알지 못하면 더욱 힘들어 질 수 있다. 왜냐하면, 자기가 살아온 세상을 지배하는 승패 방식의 사업이 아닌 처음 접하는 승승 방식의 사업이기 때문이다.

학이지지(學而知之)하지 않고도 자신의 역량만으로 최고 직급에 도달할 수는 있을지 몰라도 그것을 지켜내기는 지극히 어려울 것이다. 수년에 걸쳐 성(城)을 쌓았는데 다 무너진다면 그 세월과 그 상처를 어떻게 할 것인가? 하지만 그때서라도 깨달으면 즉, 곤이지지(困而知之)하게 되면 다행이지만 자존심이 쉽게 허락하지 않아 변화를 거부하는 사람도 있을 것이다.

자존심은 대단한 것인가, 아니면 알량한 것인가? 자존심 때문에 사업을 못 하는 사람도 많고, 자존심 때문에 자신의 잘못을 인정치 못하는 사람도 많고, 자존심 때문에 재기의 타이밍을 놓치는 사람도 많다.

자존심이 중요한가, 삶의 균형이 중요한가? 지금 변화를 위해 새로운 것을 배우는데 있어서 약간의 비용도 들고 체면 등 여러 가지 위험도 따른다. 하지만 지금 변화하지 않음으로 인해 나중에 겪게 될지도 모를, 어쩌면 삶의 균형을 잃어버릴지도 모르는 그 비용과 위험에 비하면 결코 크다고 할 수 없을 것이다.

러시아 물리학자 바딤 젤란드가 쓴『리얼리티 트랜서핑(Reality Transurfing)』에 나오는 "우리가 내외부적으로 중요하다고 생각하는 가치들의 중요성을 좀 내려놓을 수 있으면 운명을 콘트롤할 수가 있다"는 내용은 참으로 깊게 와 닿았었다.

사실, 특정한 사업을 위해서가 아니더라도 우리는 끊임없이 배우고 쇄신할 이유들이 있다. 앨빈 토플러는 "21세기의 문맹(文盲)은 글을 못 읽고 못 쓰는 사람이 아닌 재학습능력(再學習能力)이 없는 사람이다"고 했다. 왜냐하면 변화의 속도가 너무 빠르기 때문에 옛날에 배운 지식들이 너무나 빨리 쓸모가 없어지는 무용지식(無用知識, obsoledge)이 되기 때문이라고 했다.

경기도 안성시 보개면에 가면 한국리더십센터 성공원이 있다. 그곳에 와 본 사람은 누구든지 그림 같은 유럽풍 펜션과 러닝 리조트의 매력에 푹 빠져든다. 성공길을 따라 올라가면 '동화세상 에듀코 마을'이 있다. 언젠가 에듀코 김영철 대표이사의 강의를 성공원에서 들은 적이 있다.

유망한 유도선수였는데 대학 1학년 때 인대 파열로 유도를 포기하고 상경하여 출판사에 취업 후 자수성가하여 오늘날의 에듀코를 이룬 입지전적(立志傳的)인 인물이다. 그때 강의를 들으면서 적어 놓은 그 분의 주요 강의의 핵심을 정리해 보면 다음과 같다.

"먼저 감사한 사람이 이기고, 먼저 도와주는 사람을 못 이긴다.
특히 정이 많은 한국인에겐 더욱 그렇다.
내가 삶을 살아가는 것이 아니라, 삶이 나를 살려주는 듯한 느낌이다.
원칙에 어긋나는 일은 하지 않는다.
내가 누군지를 아는 것이 최고의 리더십이다.
내 통장이 아니라 아이디어가 자산이다.
아는 것이 중요한 것이 아니라 실천함이 중요하다.
나의 존재를 제대로 깨닫게 되면 목표가 커진다.
한사람의 생명은 천하보다 귀하다.
한국 사람들은 인정받고자 하는 욕구가 크기 때문에
칭찬이 항상 함께해야 한다.
일터는 사람을 변화시키고 살려주는 곳이다.
사람은 섬기는 대로 된다.
성공을 위해선 몰입해야 한다.
나를 죽게 하는 것 말고는 모든 것이 나를 강하게 만든다.
긍정적 해석이 꿈을 이루게 한다."

그중에서 가장 임팩트가 컸던 내용은 바로 '재학습 능력만 있으면 누구나 성공할 수 있다'는 것이었다.

인간이 끊임없이 배우고 쇄신해야 하는 이유는 또 있다. 스티븐 코비 박사는 인간은 육체적, 정신적, 감정적, 영적인 존재이기에 4가지 차원의 쇄신이 필요하다고 강조한다.

쇄신이란 '톱날을 가는 것이다(sharpen the saw)'라고 한다. 자신의 톱이 무디어진 줄도 모르고 그 톱을 가지고 계속 톱질을 해봐야 효과성이 높아질 리가 만무하다. 그래서 삶과 일의 효과성을 높이기 위해서는 톱날을 먼저 갈아야 한다는 것이다. 링컨 대통령은 "장작을 패는데 쓸 수 있는 시간이 8시간이라면, 나는 그 중 6시간 동안 도끼날을 날카롭게 세울 것이다"라는 명언을 남겼다.

인간의 육체, 정신, 감정 그리고 영도 끊임없는 쇄신을 요한다. 그렇지 않고 가만히 두면 바로 무디어지고 결국은 '엔트로피의 법칙(The law of entropy)'에 의해 무너지고 말 것이다.

자기쇄신은 급하진 않지만 중요한 전형적인 2사분면(Q2)의 일이다. 2사분면의 일들은 모두 내게 다가오질 않는다. 내가 의지를 가지고 다가가야 한다. 그래서 힘들 수 있다. 하지만 보상은 투자에 대비해서 엄청나게 크다.

4가지 차원의 쇄신을 모두 할 때 내면의 불꽃(The fire within) 즉, 열정이 솟아난다. 동서고금을 막론하고 성공의 핵심이 되는 두 가지 키워드를 꼽으라면 '꿈'과 '열정'이다. 꿈을 이루는 에너지가 바로 열정(熱情, passion)이다. 열정은 자기쇄신을 통해서 생겨난다.

공자는 『대학(大學)』에서 수신제가치국평천하(修身齊家治國平天下)라고 말했다. 나를 다스릴 수 없는 사람은 다른 사람을 다스릴 수 없다. 사람들은 리더십이라고 하면 다른 사람을 잘 이끄는 것이라고 일반적으로 생각한다. 하지만 리더십의 기본은 '셀프 리더십(self Leadership)'이다. 자신을 먼저 다스리고 이끌 수 있어야 한다. 수신(修身)이 되지 않고 어찌 남을 이끌 수 있을 것인가?

원칙은 동양과 서양이 다르지 않다. 사실, 우리가 아는 동양의 모든 고전(古典)들은 모두 최고의 리더십 교본들이다. 황제(皇帝), 군자(君子) 즉, 리더를 위한 책들이지 결코 일반인들을 위한 책들이 아니다. 내가 이해하기로는 서양의 리더십 교본들과 강조하는 원칙과 교훈들이 거의 같다.

삶의 이치가 사업과 상관없어도 이렇게 배움에 힘쓰며 끊임없이 쇄신해 나가야 하는데, 새로운 분야인 네트워크마케팅 사업을 처음 시작하는 파트너들 입장에서는 배워야 할 것이 얼마나 많겠는가? 중요한 것은 파트너들의 성공을 진심으로 바라는 스폰서들이 도움을 주기 위해 항상 함께한다는 것이다.

스티븐 코비 박사는 "리더는 남들에게 영향을 끼치기 전에 반드시 영향을 먼저 받아야 한다"고 했다. 회사, 스폰서, 시스템으로부터 잘 배워 영향을 먼저 받고 남들에게 선한 방향으로 영향을 끼쳐야 한다.

배움에도 무엇을 우선순위로 하여 먼저 배울 것인가에 대한 개념을 잘 세워야 한다. 그 모든 경험과 개념들이 잘 체화되어 있는 시스템과 함께하는 스폰서는 그런 면에 있어서 소중한 보물과도 같다.

파트너로서 나의 팔로워십 점수를 스스로 한 번 체크해보자.

1. 복제	1	2	3	4	5	6	7	8	9	10
2. 믿음	1	2	3	4	5	6	7	8	9	10
3. 자기쇄신	1	2	3	4	5	6	7	8	9	10

27~30점 : 최고의 파트너 / 21~26점 : 훌륭한 파트너 / 0~20점 : 평범한 파트너
(더 나은 성장을 위한 자신의 성찰을 위해 단순한 참고용으로만 사용할 것)

CHAPTER III

형제라인의 메이트십
(Mateship)

배려 | 승승 | 사랑

리더십(leadership), 팔로워십(followership)이란 말은 어느 정도 익숙한데 메이트십(mateship)이란 말은 대부분 사람들이 다소 생소함을 느낄 것 같다. 함께 사업을 하는 형제라인 사업자로서 서로 지켜야 할 동료의식 같은 것을 메이트십으로 정의를 해봤다. '개념적(槪念的) 정의(conceptional definition)'로 맞는지는 100%의 확신은 없지만, 형제라인 사업자로서 필요한 어떤 개념들을 설명하기 위한 어떤 '조작적(操作的) 정의(operational definition)'로 이해해주길 바란다. 메이트(mate)는 짝, 동료 등의 뜻하며, 메이트십은 동료의식이라는 뜻을 지니고 있다.

7

배려(Consideration)

"심심창해수(心深滄海水) 구중곤륜산(口重崑崙山)"
(마음은 창해수처럼 깊어야 하고, 입은 곤륜산처럼 무거워야 한다.)

이 책을 쓰겠다고 마음을 먹은 후 몇몇 리더들에게 '형제라인으로서 가장 필요한 자질 또는 태도를 세 가지만 말해 달라'고 요청한 적이 있다. 그런데 한 명도 빠짐없이 공통적으로 대답한 것이 바로 '배려(配慮)'였다. 배려의 배(配)가 짝, 배우자(配偶者)를 뜻하니 어쩌면 메이트십(mateship)에 가장 필요한 첫 번째 덕목(德目)으로 손색이 없을 것이다.

자신의 배우자에게는 어떤 말을 하고 어떤 행동을 할까? 순간 두 가지 상반되는 생각이 머릿속을 스쳐갔다. 배우자이니 가장 마음 편하게, 때로는 다소 함부로 해도 되는 것이 아닌가 하는 생각과 배우자는 가장 소중한 인생의 반려자(伴侶者)이기에 그만큼 더 소중하게 대해야 한다는 생각이었다. 어떤 편이 더 옳을까? 배우자와 오랜 세월 살아온 경험에 비추어볼 때 둘 다 맞는 것 같기도 하다. 어느 한 쪽으로 너무 치우치지만 않으면 말이다.

그런데 살다 보면 사람들이 중용(中庸)을 유지하기란 참 쉽지가 않다. 문제는 항상 균형(均衡)을 잃을 때 발생한다. 부부(夫婦)간의 다툼의 원인을 살펴보면 부부이기에 서로의 역할에 대한 기대는 아주 높은데 비해, 현실 속에서 무장해제하고 너무 편하게 때로는 함부로 대하기 때문이 아닐까 라고 생각해 본 적이 있다. 밖에서는 조심조심 신사 숙녀들만 만나다가 퇴근 후 현관을 들어서면 펑퍼짐한 아줌마와 아저씨가 기다리고 있다. 기대와 현실 차이가 너무 크기 때문에 균형을 잃는 것이 아닐까?

경청에도 단계가 있는데 가장 낮은 단계의 경청을 '배우자 경청'이라고 코칭 분야에서는 이야기한다. 저녁 준비를 하는 아내에게 신문을 보던 남편이 어떤 기사를 보고 아내에게 외친다. "남자는 하루에 1만5천 단어를 말하는데 여자는 무려 3만 단어를 말한데. 여자가 두 배나 더 말을 많이 한데." 이 말을 들은 아내가 외친다. "남자들이 자꾸 말을 많이 하게 만들잖아요." 이 때, 남편이 외치는 말이 "뭐라고?" 너무 가깝다 보니 제대로 듣질 않는 것이다. 그리고 함부로 말하기도 쉽다.

곰곰이 생각하면 할수록 형제라인 사업자들에게 필요한 첫 번째 자질 또는 태도가 '배려'(配慮)라는 말이 와 닿는다. 사실 스폰서와 파트너 사이에는 다소 어려워 쉽게 말할 수 없는 것들도 형제라인 사업자들에게는 쉽게 얘기할 수도 있다. 그런데 형제라인 사이에 너무 친하게 되어 함부로 얘기하게 되면 틀림없이 문제가 발생한다. 이해관계가 없는 형제라인 사업자와는 부부 사이처럼 편안하게 대할 필요도 있지만 또한 부부처럼 서로를 소중하게 여겨 조심조심 대하는 태도가 절대 필요하다. 이것이 형제라인으로서 배려(配慮)하는 마음이 아닐까?

배려하는 마음은 일반적으로 볼 때 우리나라 사람들이 다른 나라 사람보다 다소 부족하지 않나 하는 생각이 든다. 원인은 쉽게 짐작이 된다. 역사를 거슬러 올라가 보면 오랜 세월 동안 끊임없는 외침 속에서 살아남아야 했고 또한 해방 이후에는 급속한 경제발전 속에 내가 살아남기 위해 남을 이겨야 하는 사회적인 풍토 속에서 배려하는 마음을 키우기가 쉽지 않았을 것이다.

항상 남을 배려하는 것이 에티켓으로 몸에 밴 서양인들이 볼 때 이러한 한국인들의 행동이 가끔은 이해가 안 될 때가 있는 것 같다. 그래서 한국인을 두고 '인격적으로 미성숙한 사람들'이라고 비평하는 글도 가끔 본다.

언젠가 태국에 갔을 때 가이드에게 들은 우스운 얘기가 있다. 공항에서 사람들이 빠져 나오는 모습을 보면 한·중·일 어느 나라 사람인지 바로 맞출 수가 있다고 했다. 중국 사람들은 나오는데 왁자지껄 떠들면서 나온다고 한다. 쉽게 상상이 간다. 거기에 비해 일본 사람들은 나올 때 선두주자가 깃발을 들고 모두 총총걸음으로 뒤따라 나온다고 한다. '남에게 절대 폐를 끼치지 말라'고 가르치는 일본인들답다.

중요한 것은 한국인들인데, 어떻게 나올까? 한국인들은 나오는데 모두 어깨에 깁스(?)를 한 듯한 모습으로 나오는데 좋게 보면 영화배우들 같고 안 좋게 보면 조폭들 같단다. 충분히 이해가 간다. 과시하고 싶고 보상받고 싶은 것이다.

그런데 한 때는 '동방예의지국(東方禮儀之國)'이었던 대한민국이다. 결코 원래부터 배려가 부족한 민족이 아니었을 것이다. 배려하면 떠오르는 사자성어가 있는데 바로 '역지사지(易地思之)'이다. 입장을 바꿔 생각해 보라는 것이다.

대학 때부터 친하게 지내던 친구가 있는데 그 친구는 스마트폰 프로필 소개글에 '易地思之'를 써놓고 아직 한 번도 바꾼 것을 본 적이 없다. 너무도 잘 아는 친구인데 실제 삶도 그러하다. 사업을 하든, 여행을 하든 또는 술집에 가서도 말이다. 역시 사업을 잘하는 데는 이유가 있구나 하는 생각이 들면서 늘 많이 느끼고 배우게 된다.

스위스의 어느 시인은 '사람은 영(靈)적인 경험을 하는 육(肉)적인 존재가 아니라, 육(肉)적인 경험을 하는 영(靈)적인 존재'라고 했다. 그래서 사람은 상대방이 어떤 마음으로 나를 대하는지 다 알아보는 영적 안테나를 가지고 있다. 나를 좋아하는지 싫어하는지, 어떤 의도로 그런 말을 하는지 등등을 알아차릴 수 있다. 뭐라고 정확히 표현할 수는 없어도 느낌으로는 알 수 있다. '인간의 언어는 말이지만 영혼의 언어는 느낌'이라고 했다. 그래서 느낌이 가장 정확한 언어라고 했다.

그래서 절대 그런 일이 있어서는 안 되겠지만 상대방을 해(害)할 의도로 어떤 언행을 하는 것은 절대 삼가야 한다. 겉으로는 위하는 말을 하는 척하면서 속으로는 다른 결과를 바라는 '이중 메시지(double message)'를 던지는 사람들이 있다. 뭐라고 그 자리에서 명시적으로 반박은 할 수 없지만 돌아서면 그런 느낌이 들어 온종일 기분을 상하게 된다. 그런데 그 사람이 모르는 것이 있다. 단기적으로는 상대방이 무너지면 자신은 올라갈 것 같지만 장기적으로는 상대방이 무너지면 결국은 자신도 무너지게 된다.

인간(人間)이란 혼자서는 존재할 수 없는 사회적인 존재다. 인(人)이라는 글자도 서로 기대어 바로 서 있고, 간(間)도 '사이 간'이다. 남이 없으면 나도 결코 있을 수 없다. 어둠이 있어야 밝음을 느낄 수 있듯이, 남이 있기에 나도 있는 것이다. 조수미가 아무리 노래를 잘하지만 들어주는 청중이 없으면 행복할까?

대부분 사람들의 삶의 궁극적인 목적은 행복이다. 행복은 남들과의 관계 속에서 존재한다. 또한 울창한 숲속에 들어가 보면 큰 나무들이 우뚝 솟아 있는 것은 옆에 있는 나무들이 뿌리끼리 서로 뒤엉켜 잡아주기 때문이다. 형제라인이 잘될 때 그 잘되는 분위기 때문에 내 라인도 성장할 수 있는 것이다. 형제라인 사업자들이 사업을 하나 둘 포기하게 되면 반드시 그 영향이 내 라인에도 미치게 된다는 사실을 명심할 필요가 있다.

남에 대한 배려는 주로 말로 나타난다. 말의 영향력은 아주 크다. 생각하는 것보다 훨씬 큰 파장을 일으키고 빠르게 창조를 일으키는 것이 말의 힘이다. 이러한 원리를 터득한 지혜로운 조상들은 말이 씨가 된다고 자손들에게 가르친 것이다. 말이 씨가 되는 원리를 리더십에서는 '자성예언(自成豫言)'이라고 한다. 영어인 'self-fulfilling prophecy(자기달성적예언)'를 줄인 말인데 아주 중요한 개념이다.

'난 잘될 수밖에 없는 사람이야'를 늘 입버릇처럼 달고 다니는 사람은 '나는 하는 일마다 안 돼'라고 불평하는 사람보다는 잘될 가능성이 훨씬 더 높다. 인도 영화 '세 얼간이(3 Idiots)'를 보면 젊은 이들이 기쁠 때나 슬플 때나 항상 외치고 다니는 말이 있다. "All is well"이다. 그것이 바로 자성예언이다.

씨앗이 바람에 날려 어딘가 떨어지면 아무도 돌봐주지 않는데도 스스로 땅에 뿌리를 내리고 싹을 틔우고 꽃을 피운다. 왜 그럴까? 그것은 바로 씨앗 속에는 스스로 펼쳐나갈 '플랜(plan)'과 '파워(power)'가 들어있기 때문이다. 다른 이유가 있을 수 없다. '말'에도 그런 '플랜'과 '파워'가 들어 있다. 그래서 말이 씨가 된다. 우리가 입 밖으로 흘러나오는 말만 제대로 통제할 수 있어도 우리 운명을 주도적으로 개척할 수 있다.

말(입)의 중요성과 관련된 고사성어와 구전(口傳)을 옮겨보겠다.

구시화지문(口是禍之門)	입은 재앙을 부르는 문이요
설시참신도(舌是斬身刀)	혀는 몸을 자르는 칼이로다
폐구심장설(閉口深藏舌)	입을 닫고 혀를 깊이 감추면
안신처처우(安身處處牢)	가는 곳마다 몸이 편안하리라

수구여병(守口如甁)	입을 병마개처럼 지켜라
사불급설(駟不及舌)	네 마리 말도 혀에는 못미친다
화종구출(禍從口出)	화는 입으로부터 나오고
병종구입(病從口入)	병은 입으로 들어간다

　옛날에 어느 큰 사찰이 있었는데 언젠가부터 절을 찾는 신도들이 줄어들기 시작하여 이제는 문을 닫아야 할 처지가 되었다. 그러다 보니 절에 있는 스님들이 서로를 탓하며 헐뜯기 시작했다. 어떤 스님은 밥을 짓는 스님이 밥을 맛없게 지어 신도들이 줄기 시작했다고 비난했다. 또 어떤 스님은 불경(佛經)을 하는 스님이 제대로 공부를 안 해서 신도들이 실망하여 줄기 시작했다고 비난했다. 또 어떤 스님은 주지 스님이 리더십이 부족하여 총체적인 난국에 이르게 되었다고 비난했다. 매일 서로 비난하며 싸우고 있으니 신도들은 더욱 더 줄어들어 이제 문을 닫기 일보 직전에 이르렀다.

궁즉통(窮卽通)이라고 했던가? 서로가 막판에 몰려 해결할 방법이 도저히 없자 서로가 공통적으로 얘기한 것이, 바로 큰 사찰이 있는 그 산골짜기 암자에 수행이 아주 깊은 스님이 있는데 그 스님께 누구 때문인지 물어보자고 했다. 자기들끼리는 도저히 스스로 해결할 수가 없다고 판단했기 때문이다. 마침내 그 스님이 오랜만에 산을 내려오는 날이 되어 사찰로 모시고 여차여차 그동안의 사정을 얘기하며, 누구 잘못 때문인지, 어떻게 하면 절을 살릴 수 있을지에 대해 답을 구했다.

그때 수행이 깊은 스님은 '누구 때문이다 또는 어떻게 하면 절을 살릴 수 있겠다'라는 답은 전혀 주지를 않고 그 대신에 말하기를, "내가 산을 내려오기 전에 보니 이 사찰에 서기(瑞氣, 상서로운 기운)가 뻗치는 것을 보았소. 여기 스님들 중에 어느 한 분이 미륵불(彌勒佛)이 될 것임에 틀림이 없소." 그 말만 남기고 수행이 깊은 스님은 일어나서 암자로 다시 올라가 버렸다.

그런데 그 후 사찰에는 이상한 변화가 일어나기 시작했다. 수행 깊은 스님이 던져 놓은 그 한마디로 인해 사찰의 스님들은 언행을 조심하기 시작했다. 여기 스님들 중에 누군가는 미륵불이 될 것이라는 그 한마디에 혹시나 늘 밥을 태우는 스님이 어쩌면 미륵불은 아닐까? 혹시 불경(佛經)을 잘못하는 스님이 어쩌면 미륵불은 아닐까? 아니, 어쩌면 이 모든 것을 다 알고 있는 듯한 주지 스님이 진짜 미륵불은 아닐까? 그렇게 그 한마디가 모든 스님들의 서로에 대한 태도와 언행을 완전히 바꿔 놓은 것이었다. 그로부터 얼마 지나지 않아 신도들이 다시 몰려들기 시작했고 그 사찰은 다시 부흥기를 맞이하게 되었다.

낮말은 새가 듣고 밤말은 쥐가 듣는다고 했다. 내가 한 말은 100% 그 사람의 귀에 들어간다고 생각해야 한다. 그렇다면 어떤 말을 해야 할까? 나의 한마디 말이 그 사람과 그 팀을 살릴 수도 있고 반대로 죽일 수도 있다. 남에게 한 것은 그대로 나에게 돌아온다. 그것을 업(業)이라고 했다. 아직 내공의 정도가 낮아 수행 깊은 스님처럼 그렇게 사람을 살리고 조직을 살리는 배려깊은 말은 못한다 하더라도 리더라면 사람들에게 상처를 주고 조직에 분열을 일으킬 수 있는 말은 절대 삼가야 한다.

감정에 난 상처는 새 자동차에 난 스크래치(scratch)처럼 오래 남는다. 배려심(配慮心)을 아는 리더는 수행 깊은 스님처럼 말 한마디로 사람과 조직을 살릴 수 있는 그런 자성예언(自成豫言) 또는 배려깊은 언행(言行)을 하도록 항상 노력해야 한다.

8

승승(Win-Win)

"승승만이 장기적으로 지속 가능한 유일한 성공방식이다."
―스티븐 코비

승승이란 말은 언제부터 많이 사용되기 시작했을까? 예수, 부처를 비롯하여 수많은 성현들이 우주와 세상의 본질이 승승임을 파악하고 얘기를 했지만 관념 속의 진리로만 생각하고 있었지 삶 속에서 구체적으로 실천한 사람은 많지 않았던 듯하다. 그런데 요즘은 승승(勝勝) 또는 상생(相生)이라는 말을 참 많이도 사용하고 있다.

스티븐 코비 박사는 『성공하는 사람들의 7가지 습관』에서 이렇게 말한다. "당신의 행위는 주도적인가, 반사적인가? 끝을 생각하며 시작하라. 급한 것보다 소중한 것을 우선하라. 당신의 행위는 예입인가, 인출인가? 승패가 아닌 승승을 생각하라 등과 같은 신조어에 가까운 말들이 사람들에게 신개념을 형성하고 그 신개념이 세상을 바꾸는데 일조를 했다."

7Habits의 퍼실리테이터인 필자는 이 말에 전적으로 공감한다. 지금은 너무도 당연한 듯 많이 쓰이고 있지만 코비 박사가 이런 말들을 처음 했을 때만 해도 세상 사람들은 낯설게 생각했다. 그렇게 볼 때 승승이라는 말이 삶과 일 속에서 많이 사용되게 된 데는 스티븐 코비 박사의 영향이 있었을 것이고, 그 시기는 책이 출간된 80년대 이후쯤이 아닐까 생각해 본다. 물론 그 이전에도 우리에게는 상생이라는 말이 있었지만 특정 종교 단체 등에서만 사용되었고 일반인들에게 흔하게 사용되지는 않았다.

세상에 승승 아닌 것이 있을까? 우리가 현상과 본질 중 본질을 깊이 들여다 볼 때 세상에 승승 아닌 것이 없는 것 같다. 그 예들을 하나씩 살펴보자.

부모 자식 관계는 승패일까, 승승일까? 당연히 승승이다. 부모의 일방적인 사랑만 있다면 부모 입장에선 패승이고 자식 입장에선 승패일 수도 있다. 부모의 자식에 대한 사랑이 크긴 하지만 일방적이지만은 않다. 부모는 조부모로부터 사랑을 많이 받았으니, 또 누군가에게 사랑을 많이 주는 것이 이치에도 맞지만 자식에게 일방적으로 주기만 하는 것은 아니다.

아기들이 어릴 때 부모한테 준 그 헤아릴 수 없는 기쁨과 사랑을 과연 값으로 따질 수 있을까? 자식이 자라면서 주는 기쁨도 있지만 또 부모가 늙었을 때 자식들이 있기에 쓸쓸하지 않고 보호도 받을 수 있는 것 등을 생각하면 부모들이 자식들에게 물질적 정신적으로 많이 베푸는 것은 맞지만 결코 일방적이거나 승패 또는 패승적인 것은 아니다.

부모 자식 간에는 당연하다고 치더라도 남들과의 관계도 승승이 맞는가? 서로 승승이 되기에 만나고 관계가 유지되는 것이 아닐까? 어느 일방이 유리하기만 하고 이익이 되는 것은 없는가? 있을 수 있다. 하지만 그 관계는 결코 장기적으로 갈 수는 없을 것이다.

코비 박사는 효율성(efficiency)과 효과성(effectiveness)을 얘기하는데 효율성은 단기적이고 효과성은 장기적인 것이라고 한다. 삶은 장기적인 것이다. 그래서 우리는 효과성을 추구해야 한다. 장기적인 관점에서 볼 때 승승이 되지 않는다면 그 관계는 오래 유지될 수 없다.

장기적인 관점에서 승승이 안 된다면 즉, 패승이 될 것 같으면 관계를 갖지 말아야 한다. 그것이 바로 '승승 또는 무거래(win-win or no deal)'라는 중요한 개념이다.

코비 박사는 승패, 패승의 장기적인 결과는 패패가 될 수밖에 없다고 말한다. 왕따를 하던 아이도 왕따를 당하던 아이도 결국은 모두 패패가 되고 만다. 대인관계도 사업도 마찬가지다. 그래서 우리는 항상 승승을 추구해야 한다.

승승이 되기 위한 절대 필요조건이 나는 '승'을 잡아야 한다는 것이다. 내가 '패'를 잡게 되면 상대방의 상태가 무엇이든 절대 승승이 될 수 없다. 그래서 나는 항상 '승'을 선택해야 한다. 그 후 상대방을 많이 배려하게 되면 서로 승승이 될 수 있다. 그런데 항상 '승'을 선택하는 것이 가능한가? 물론 항상 가능하지는 않을 수 있다.

하지만 우리 내부에는 그런 선택을 할 수 있는 '힘'과 '자유'가 있다. 왜냐하면 인간에게는 신이 인간에게만 내린 4가지 천부능력 즉, 자아의식(自我意識), 상상력(想像力), 양심(良心) 그리고 독립의지(獨立意志)가 있기 때문이다.

『죽음의 수용서에서』로 유명한 심리학자 빅터 프랭클(Victor Frankl)은 그 힘과 자유를 '주도성(proactivity)'과 '인간의 마지막 자유(last human freedom)'라고 했다. 그런 개념과 의지를 가지고 정신적 근육을 점점 단련하면 내가 '승'을 선택하는 것이 그리 어렵지 않음을 알게 된다. 왜냐하면 남들은 '관심의 원'이지만 나는 '영향력의 원'이기 때문이다. 관심의 원은 날씨, 교통과 같은 결과에 영향을 끼칠 수 없는 영역인 반면에, 영향력의 원은 운동, 습관과 같은 결과에 영향을 끼칠 수 있는 영역을 말한다.

대학생들에게 7Habits을 강의하면 그들이 가장 큰 충격을 받는 부분이 바로 이 승승의 개념이다. 항상 남을 이겨야 하는 승패의 패러다임만 있는 줄 알았는데 승승의 개념이 있다는 것에 대해서 놀라고, 자신들이 얼마나 승패에 젖어 있는지에 놀라고, 승승의 본질에 대해서 눈을 뜬 후 이것이 살아가는데 얼마나 소중한 지에 대해 감사한다.

이 사회와 부모들이 원하고 가르친 패러다임은 승패다. 그런데 대부분의 학생들은 자신의 의견을 제대로 표현하지 못하는 패승으로 살아가고 있다. 아이러니(irony)하지 않는가? 승승에 눈을 뜨고 편안해 하는 학생들을 보면 참으로 보람이 크다. 학생들은 흡수율이 빠르다.

승패의 가장 대표적인 사례인 스포츠는 어떠할까? 축구라는 경기가 처음 만들어질 때 상대방을 이기려는 승패 의도로 만들어졌을까? 아니면 체력을 다지고 이웃과의 친선을 도모하기 위한 승승 의도로 만들어졌을까? 당연히 후자일 것이다.

그런데 인간은 호모 루덴스(Homo Rudens)로서 재미를 추구하는 종(種)이다 보니 승패적인 룰을 조금 가미하여 경기를 보다 흥미롭게 만든 것이 아닐까?

인간과 자연의 관계는 어떠할까? 산소와 이산화탄소를 서로 주고받으며 자연이 살아야 인간도 살고 자연이 병들면 인간도 병든다. 본질을 들여다보면 온통 승승 아닌 것이 없다.

그렇다면, 네트워크마케팅은 어떠할까? 이 사업은 '완전한 승승'으로 형성된 신개념의 사업이다. 우선 회사와 사업자의 관계가 승승이다. 회사는 사업자들이 많으면 많을수록 번창하고 사업자는 무자본, 무점포 개념으로 사업을 진행할 수 있는 것은 그런 승승

시스템을 구축해 놓은 회사가 있기 때문에 가능한 것이다.

상품과 보상플랜의 관계도 승승이다. 좋은 상품이 뒷받침되어야 보상플랜도 빛을 발할 수 있으며 또한 아무리 좋은 상품이라 하더라도 보상플랜이 제대로 만들어져 있지 않으면 잘 팔려나가지 않을 것이기 때문이다.

스폰서와 파트너의 관계도 승승이다. 스폰서는 좋은 파트너들이 많이 들어오면 조직이 커질 뿐만 아니라 수입도 커진다. 파트너는 스폰서들의 도움을 받아 자신의 하부 조직을 키워 나갈 수 있다.

본질이 이러한데 자칫 잘못하여 현상만을 쳐다보면 오해와 교만함에 빠질 수 있다. 스폰서는 '나의 도움 없이 당신(파트너)이 어떻게 성장할 수 있어?'라고 생각을 하거나, 파트너는 '내가 없이 어떻게 당신(스폰서)이 존재할 수 있어?'라고 생각은 하는 경우다. 이렇게 되면 팀워크가 생겨나질 않게 되고 팀워크가 핵심인 네트워크 마케팅 사업인데 성공은 물 건너가는 것이다.

결국은 모든 것이 승승으로 보이느냐, 아니면 승패 또는 패승으로 보이느냐에 따라 그들의 행동은 많이 달라질 수밖에 없고, 따라서 결과도 달라질 수밖에 없다. 이것이 바로 중요한 'See-Do-Get 원칙'이다. '보는 시각'이 '하는 행동'을 결정하고 '하는 행동'이 '얻는 결과'를 결정한다는 것이다.

예를 들어, 여성을 바라보는데 있어서 '암탉이 울면 집구석이 망한다'는 시각을 갖고 있으면 여성을 존중하기보다는 무시하는 태도와 행동을 취할 것이고 그렇게 되면 여성이 갖고 있는 잠재능력을 끄집어내지 못할 것이다. 여성에 대한 부정적 시각이 부정적 행동과 부정적 결과를 초래하는 것이다. 반대로 긍정적인 시각을 갖게 되면 긍정적인 행동과 결과를 갖게 된다.

보는 시각 즉, 패러다임(paradigm)이 매우 중요하다. 스티븐 코비 박사는 "작은 결과를 원하면 하는 행동을 바꾸지만 큰 결과를 원하면 보는 시각을 바꾸라"고 했다. 그런데 보는 시각은 내가 누구인가에 따라 달라진다. 즉, 내적으로 '풍요의 심리(abundance mentality)'를 가진 사람은 모든 것이 '승승'으로 보이고, '부족의 심리(scarcity mentality)'를 가진 사람은 '승패'로 보인다.

풍요의 심리는 나눠도 나눠도 충분하다는 심리이고 부족의 심리는 나누면 나눌수록 작아진다는 심리이다. 결국은 내가 누구인가(To be)가 보는 시각(To see)을 결정하고, 보는 시각이 하는 행동(To do)을 결정하고, 하는 행동이 얻는 결과(To get)를 결정하는 것이다.

그러므로 훌륭한 내적 성품(character)을 갖춘 사람은 승승의 태도를 취할 수 있지만 외적 성격(personality)으로만 살아가는 사람은 승패 또는 패승의 태도를 취할 가능성이 높다.

앞에서도 설명했지만, 내적 성품은 나무의 뿌리와 같은 것이지만 외적 성격은 나무의 줄기나 잎과 같은 것으로 비유할 수 있다. 외적 성격도 중요하지만 내적 성품이 먼저 튼튼하게 갖춰지지 않으면 비바람에 오래 견딜 수가 없을 것이다.

  삶은 수행이다. 리더십도 삶과 함께하는 수행의 과정이다. 내가 바로 서면 주변도 바로 선다. 내가 누구인지를 알게 되면 꿈이 커져 간다.

  그렇다면 나의 라인과 형제라인의 관계는 어떠한가? 승승인가, 아니면 승패 또는 패승인가? 드러나는 현상으로만 보면 승패 또는 패승 관계 같을 수 있지만 본질을 통찰하면 승승의 관계가 아닐 수 없다.

  형제라인이 무너지면 일시적으로는 내 라인은 건재하니까 잘 되는 듯이 보일지 모르지만 장기적으로는 나의 라인도 위험할 수 있지 않을까? 왜냐하면 사람은 보는 대로 행동한다고 했다. 남이 무너지는 것을 봤기 때문에 나도 무너질 수 있겠구나 하는 생각을 하기 쉽고 그 생각의 씨앗 때문에 행동에 영향을 끼쳐 무너질 가능성이 높다.

  형제라인이 잘되기를 진심으로 바라고 그렇게 언행을 해야 한다. 형제라인이 잘 되어야 각자가 내는 작은 비용의 합만으로도 함께 크고 멋진 그룹 행사를 할 수 있다. 그룹 행사가 있어야 내 라인의 파트너들도 데려가 동기부여를 할 수 있다. 호일러 법칙에 있어서 최고의 호일러는 책도 스폰서도 아닌 행사 활용이 아닌가? 형제라인이 잘 되어야 함께 지역 연합 미팅 또는 세미나도 할 수 있다. 형제라인이 있어야 내 라인도 키울 수가 있는 것이다. 형제라인을 승승으로 보느냐 승패로 보느냐에 따라 형제라인 사업자를 대하는 나의 태도가 달라지고 그것을 나의 파트너들이 보고 배우게 된다.

　무엇을 보고 배우고 따르게 해야 할 것인가? 영향력 있는 리더의 행동과 패러다임은 단지 본인의 것으로만 끝나는 것이 아님을 명심해야 한다. 올바른 리더의 시각, 태도 그리고 행동은 아무리 강조해도 지나침이 없다.

⑨ 사랑(Love)

"사랑은 판단하지 않는다. 주기만 할 뿐이다."
—마더 테레사

이제 막바지에 다다랐다. 삼위일체 중 스폰서에게 필요한 리더십 3가지 덕목으로 '신뢰, 경청, 시스템'을 말했고, 파트너에게 필요한 팔로워십 3가지 덕목으로 '복제, 믿음, 자기쇄신'을 말했다. 마지막으로 형제라인에게 필요한 메이트십 3가지 덕목 중 '배려, 승승'을 말했고 한 가지만 더 추가하면 대단원의 막을 내리게 된다. 그 마지막 한 가지를 두고 사실 여러 가지 고민을 했다. 무엇이 좋을까? 형제라인에게는 배려와 승승만으로도 충분하지 않을까?

 그렇다. 그것만으로도 충분할 것 같다. 그러나 삼위일체의 3 x 3 주제의 첫 구상에 맞게 하기 위해서는 한 가지를 더해야 한다. 그런데 그렇게 하여 더한 그 한 가지가 다른 덕목들도 마찬가지지만 형제라인에게만이 아닌 파트너 그리고 스폰서에게도 절대 필요한

한 가지가 되어 전체적으로 첫 구상에 맞게 잘 마무리되는 느낌이 든다. 아니, 그것을 넘어 전체 덕목을 아우르며 또 상징하는 '으뜸 덕목'이 되는 느낌이다.

그것은 바로 '사랑(love)'이다. 이 세상에 나온 수많은 문학, 음악, 영화 등 예술 작품 중에서 사랑이라는 주제보다 더 많이 다룬 것이 있을까? 아마도 없을 것이다. 종교의 핵심 가르침도 '사랑'이다. 왜 그럴까? 이 우주, 세상 그리고 사람의 본질이 사랑이기 때문은 아닐까?

그렇다. 이 우주에는 두 가지 에너지 밖에 없다고 했다. 그것은 '사랑'의 에너지와 '두려움'의 에너지다. 그렇다면 내가 사랑의 에너지와 함께하고 있지 않으면 두려움의 에너지와 함께하고 있는 것이다. 낮이 아니면 밤인 것과 같은 이치이다.

모든 사람들은 사랑받고 싶어 한다. 받고 싶어 하는 사랑이 채워지지 않아서 많은 문제들이 발생하기도 한다. 그렇다면 그 사랑의 본질은 과연 무엇일까? 사랑과 관련해서는 너무도 많은 명언들이 있다. 예수, 부처를 비롯하여 얼마나 많은 성현들이 사랑에 대해서 성찰하고 말했을까? 그런데 사랑 덕목 서두에 썼듯이 마더 테레사의 말이 본질과 연결되는 느낌이다.

"사랑은 판단하지 않는다. 주기만 할 뿐이다."

준다! 준다는 것은 보통의 일이 아님이 직관적으로 와 닿는다. 특히, 내 가족이 아닌 누군가에게 뭔가를 줄 수 있는 종(種)이 인간 말고 또 있을까? 하찮은 미물(微物)들도 자기가 낳은 가족에게는 다 준다.

얼마 전 인터넷에서 자기 새끼를 죽인 큰 뱀을 집요하게 끝까지 싸워 처참한 최후를 맞보게 한 작은 어미 새의 영상을 본 적이 있다. 내 가족을 사랑하지 않는 종은 하나도 없을 것이다. 그런데 내 가족이 아닌 남에게 뭔가를 줄 수 있는 종은 정말 인간밖에 없을 것이다. 아니, 없다고 단언한다. 그것이 바로 인간만의 이타적(利他的)인 사랑이다. 그 이타적인 사랑은 바로 신적(神的)인 사랑이다.

'준다'는 것은 이렇게 대단한 일이다. 특히나 '먼저 준다'는 것은 정말 어마어마한 일이다. '황금률(黃金律, Golden Rule)'이란 무엇인가? 예수께서 하신 산상수훈(山上垂訓) 율법 중에 '이것이 가장 으뜸 되는 율법이다'고 하며 로마 황제가 황금에 새겨 자신의 집무실에 걸어뒀다고 하여 황금률이라고 한다.

그 으뜸 되는 율법이 바로 "그러므로 무엇이든지 남에게 대접을 받고자 하는 대로 너희도 먼저 남을 대접하라"이다. '먼저 준다'는 것은 예수의 황금률을 실천하는 최고의 삶이다. 믿음과 소망과 사랑 중에 그 중에 제일인 바로 '사랑'이다.

서양의 예수만 이런 사랑을 얘기했을까? 동서양의 얼마나 많은 선현들이 이런 사랑을 얘기했는지 모른다. '내가 원하는 것을 남에게 먼저 주라'는 황금률과 대비되며 상통하는 말로써, 공자의 논어(論語)에는 '기소불욕 물시어인(己所不欲 勿施於人)'이라는 말이 있다. '자기가 하고 싶은 것이 아니면 다른 사람에게 시키지 말라'는 뜻이다. 음양(陰陽)에 대한 동서양의 묘한 대조(contrast)와 화합(harmony)이 느껴진다. 진리는 다른 듯하지만 같은 것이다.

어느 수도승이 고승과 길을 가는 도중에 멀리서 어려움에 빠진 사람을 목도(目睹)한다. 이에 젊은 수도승은 바로 달려가서 어려움으로부터 사람을 구해주고 땀을 닦으며 의기양양하게 돌아오니 고승이 수도승의 상기된 얼굴을 보고 "너는 지옥행이다"라고 일갈(一喝)한다. 이에 놀란 수도승이 "아니, 어려움에 빠진 사람을 살려주고 왔는데 왜 지옥행입니까?"라고 따지니, 고승이 말하기를 "너는 돌아올 때 그 사람을 도와줬다는 마음을 품고 있었느니라." 수도승은 그 한마디에 큰 깨달음을 얻었다고 한다.

금강경(金剛經)에는 '무주상보시(無住相布施)'라는 말이 나온다. '어떤 상에도 머물지 않는 보시'란 말인데 즉, 도와줬다는 그런 마음조차도 품지 않고 베푸는 수행을 뜻한다. 소위 말해서 'give & take'가 아닌 'give & forget'인 셈이다.

줌, 베풂, 사랑, 보시(布施)는 모두 같은 말이다. 어느 보살이 부처에게 물었다. "저는 왜 이리 하는 일마다 잘 안됩니까?" 부처가 답하길 "베푼 것이 없어 그렇다." 그러자 보살은 "저는 가진 것이 없어서 베풀 것이 없으니 어떡합니까?"라고 하니, 부처께서는 "가진 것 없이도 베풀 것이 일곱 가지나 있느니라"라고 하면서 보살의 바라보는 방식의 전환을 위해 '무재칠시(無財七施)'를 설법(說法)한다.

첫째, 화안시(和顔施)이다. 밝고 편안한 얼굴로 사람을 대해 주는 것이다.
둘째, 안시(眼施)이다. 부드럽고 온화한 눈빛으로 대해 주는 것이다.
셋째, 언시(言施)이다. 항상 믿어주고 격려하는 말로 대해 주는 '말보시'다.
넷째, 심시(心施)이다. 마음으로 잘되길 항상 바라고 기도해 주는 것이다.
다섯째, 신시(身施)이다. 물건을 들어주는 등 몸으로 행하는 '몸보시'다.
여섯째, 상좌시(床座施)이다. 자리를 내어주어 앉게 하는 것이다.
일곱째, 방사시(房舍施)이다. 거처할 곳을 내어주어 쉬게 하는 것이다.

황금률도 그렇고 무재칠시도 그렇고 핵심은 '먼저 주라'는 것이다. 그것이 '사랑'이다. '사랑은 받는 것이 아닌 주는 것'이라는 것이다. 진리가 이러할진대 사람들은 먼저 주려고는 하질 않고 자꾸 받으려고만 하니 채워지질 않고 문제가 생기는 것이다.

'준다'의 미래형은 '줄 것이다'가 아닌 '받는다'라고 생각하는 사람이 지혜로운 사람이다. 그렇다면 많이 주는 사람이 많이 받는다. 그리고 먼저 주는 사람이 이긴다. 즉, 사랑이 많은 사람이 성공하게 되어 있다. 사랑이 성공의 핵심 키워드인 것이다.

필자는 전문강사라는 직업 때문에도 그렇고 정(情)을 그리워하는 성품 때문에도 다양한 사람들을 많이 만나보게 된다. 그런데 공통적으로 느껴지는 것이 끌리는 사람은 정이 많은 사람이고 성공하는 사람은 많이 베풀어 놓은 사람이다. 즉, 사랑이 많은 사람이다. 그런 사람과 함께하면 아무리 오래 있어도 힘들지가 않고 편안하고 행복하다. 행복한 사람이 성공한다고 했다.

지금은 나를 좋아하는 사람이 많으면 성공하기 쉬운 세상이다. 인간관계중심의 네트워크마케팅 사업은 특히 더 그렇다. 어떻게 하면 사람들이 나를 좋아하게 할 것인가? 경험상도 그렇고 성현들의 말씀도 그렇고 사랑이 많은 사람을 좋아하게 되어 있다. 즉, 많이 베푸는 사람을 좋아하게 되어 있다.

부처도 설법했다시피 베풂에는 재물만 있는 것은 아니다. 나에게 금전적으로 도와주는 사람도 고맙지만 정말 고마운 사람은 나에게 늘 눈빛으로 말로써 또 마음으로 믿어주고 격려해주며 함께 해 주는 그런 사람들이 아니겠는가?

신기하게도 이 세상에 가장 소중한 것은 모두 공짜다. 공기가 없으면 한 순간도 숨쉬기 어렵다. 그런데 공짜다. 사랑 없이 아이들이 제대로 자랄 수 있을까? 부모 사랑도 공짜다. 꿈 없이 성공할 수 있을까? 꿈꾸는데 돈 들지 않는다.

또한, 사람들은 큰일에 감동 받지 않는다. 작은 일에 감동받는다. 참으로 감사한 일이다. 사람들이 큰일에 감동 받도록 만들어졌다면 평범한 사람에겐 성공이 참으로 요원했을 텐데 작은 일에 감동 받도록 해놓았으니 누구나 성공할 수 있는 것이다. 신(神)에게 무한 감사할 일이다.

사랑은 누구나 할 수 있다. 사랑은 화수분처럼 쓰면 쓸수록 자꾸만 더 생겨난다. 이제는 우주의, 세상의, 생명의 본질을 파악했으니 사랑을 받으려고 하지 말고 사랑을 하려고 노력하자. 사랑이 없어서 사랑할 수 없는가? 사랑하면 사랑이 생긴다. 전자는 사랑을 명사로 보는 것이고 후자는 사랑을 동사로 보는 것이다. 『아직도 가야할 길(The road less travelled)』에서 스캇 펙 박사는 "사랑을 동사로 보는 사람이 건강하다"고 말한다.

사랑을 많이 하자! 사랑을 먼저 하자! 많이 할수록 많이 받고, 먼저 하는 사람이 이긴다. 내 자식, 내 파트너를 사랑하는 것은 누구나 다한다. 하지만 큰 꿈을 가진 빅 리더(big leader)의 사랑은 좀 달라야 하지 않을까? 내 파트너를 사랑하는 것은 당연하고 내 스폰서도 존경하고 사랑하고 내 형제라인까지 아낌없이 사랑할 때 '네 이웃을 네 몸 같이 사랑하라'는 말씀을 실천하며 진정한 삼위일체를 완성시키는 것이 아닐까?

사업의 성공과 삶의 성공의 원리가 많이 다른 것일까? 둘의 성공의 맥락이 많이 다르다면 일과 삶의 성공의 균형도 유지하기가 쉽지 않을 것이다.

'네가 매사에 청결(淸潔)하고 정직(正直)하면 네 시작은 미약(微弱)하였으나 네 나중은 창대(昌大)하리라'는 언약(言約)을 이루고, 21C 새로운 세상에 많은 사람들에게 선한 영향력을 끼치며, 참으로 멋진 삶을 살아가는 진정한 빅 리더, 위대한 네트워커가 되기를 진심으로 바란다.

형제라인으로서 나의 메이트십 점수를 스스로 한 번 체크해보자.

1. 배려	1	2	3	4	5	6	7	8	9	10
2. 승승	1	2	3	4	5	6	7	8	9	10
3. 사랑	1	2	3	4	5	6	7	8	9	10

27~30 점 : 최고의 형제라인 / 21~26점 : 훌륭한 형제라인 / 0~20점 : 평범한 형제라인
(더 나은 성장을 위한 자신의 성찰을 위해 단순한 참고용으로만 사용할 것)

에필로그

아, 홀가분하다. 그리고 기쁘다. 어둠을 가르며 달리는 KTX 창밖 불빛이 그 어느 때보다 더 선명하다. 불빛은 늘 나에게 귀소본능(歸巢本能)의 따뜻함과 동시에 먼 이국(異國)땅에서 느끼는 짙은 노스텔지아(향수, nostalgia)를 느끼게 한다. 젊은 날 고독한 항해(航海)와 짧은 방랑(放浪)의 긴 여운 때문인가? 늘 타고 다니는 KTX의 좁은 좌석이지만 오늘은 유난히 더 넓고 편안하게 느껴진다.

2014년 12월 31일 차가운 한겨울 바람이 골목길 가득한 삼성동의 어느 중식당에서 맞은 송년 모임에서 시작된 '작은 생각'이 2015년 2월 홍천 비발디 파크의 강의를 다녀오며 '영감(靈感, inspiration)'을 얻어 2015년 2월 21일 집필(執筆)을 시작해 이제야 기차 안에서 마무리 글을 쓰고 있다.

처음 생각과는 달리 이렇게 탈고가 늦어진 것은 천성적인 게으름과 부족함 탓이지 다른 이유는 없다. 그렇지만 이 원고에는 내가 사랑하는 대한민국과 그 땅 위에서 활동하는 모든 진실한 네트워커들에게 조금이나마 힘이 되고 위로가 되길 바라며 또한 그들에 대한 나의 진정어린 존경과 사랑의 기운이 결결이 배어 있음을 알아주길 바라마지 않는다.

끝으로, 존경하고 사랑하는 네트워커들과 몹시도 닮은 귀한 꽃을 선물하며 마치고 싶다. 그 귀한 꽃은 바로 우리 민족의 꽃이요, 세계 평화의 꽃인 바로 무궁화(無窮花, rose of sharon)이다. 그 합당한 3 x 3의 이유는 다음과 같다.

환경적으로,

첫째, 무궁화의 원산지는 외국이다. 하지만 우리나라에서 활짝 꽃 피었다.

둘째, 일제로부터 엄청난 핍박을 받으면서 민중의 꽃, 민족의 꽃이 되었다.

셋째, 그럼에도 불구하고 아직도 정부에서 '국화(國花)'로 제정하지 않고 있다.

네트워크마케팅도 외국에서 들어왔지만 한국에서 그 어느 나라보다 더 활발하게 전개되고 있으며, 초기에는 엄청난 오해와 핍박을 받으며 가진 것이 별로 없던 소시민으로부터 시작하여 이제는 각계의 전문가들까지 가세하는 대중적인 사업으로 발전하고 있으나, 아직도 정부에서는 일부 오해와 편견을 가지고 대하고 있다.

유익함에 있어서,

첫째, 무궁화는 척박한 땅뿐만 아니라 어디에서나 뿌리를 내려 잘 자란다.

둘째, 무궁화는 잎, 가지, 꽃 전체가 식용 및 약용으로 쓰여 사람을 살린다.

셋째, 무궁화는 공해와 해충에 강한 면역력이 있고 공기정화능력이 뛰어나다.

네트워크마케팅도 무자본, 무점포, 무자격의 사업적인 특성으로 인해 전국 어디서나 뿌리를 내려 자생적인 조직으로 발전하며, 실의에 빠져 있고 평범한 사람들에게도 영롱한 꿈을 심어주며 희망찬 삶을 살게 하고, 어지간한 난관에도 굴하지 않는 강인함으로 지역 커뮤니티(community)의 경제를 활성화시킨다.

리더십 관점에서,

첫째, 무궁화는 매일 새벽 4시경부터 새롭게 피어나기 시작한다.

둘째, 무궁화는 매일 저녁 다섯 꽃잎이 오므라들어 통꽃으로 떨어진다.

셋째, 무궁화는 7~10월에 약 100일 동안 10,000개의 가장 많은 꽃을 피운다.

리더는 절대 겸손함으로 일신우일신(日新又日新)하기 위한 노력을 아끼지 않아야 하며, 회사, 상품, 시스템, 스폰서, 파트너, 형제라인

중 어느 하나라도 고장나면 전체에게 반드시 영향을 끼치게 되는 운명공동체이며, 그리고 위대한 네트워커는 핵심 리더 100명과 일반사업자 10,000명의 비전 그룹을 꿈꾼다.

이렇게 선물하고 보니, 정말로 무궁화가 네트워크마케팅 사업에 너무 잘 부합된다는 느낌이 든다. 무궁화의 한자 풀이가 '다함이 없는 꽃'이란 뜻이다. 그들의 사업 또한 파이프라인의 시스템만 구축해 놓으면 시간과 공간의 제약 없이 계속 되는 무궁무진(無窮無盡)한 사업이다.

중국의 지리서인 『산해경』에는 '군자의 나라에는 무궁화가 많이 피었다'라고 했다. 무궁화는 군자다운 '꽃 중의 꽃'이라 할 수 있다. 우리나라 정부 부처의 문양, 애국가(愛國歌), 호텔 등급 그리고 경찰 및 군인의 고급 계급에도 무궁화가 사용된다. 신라시대 천지화랑들도 머리에 꽂고 다녔으며, 조선시대 과거 급제자에게 무궁화를 하사하기도 했다. 네트워크마케팅 사업도 한마디로 표현하면 '리더양성 사업'이다.

한 가지 더 중요한 것은 무궁화의 영어명이 'rose of sharon'이라는 것이다. 성경에는 예수의 상징으로 등장한다. 그런데, 영어 성경의 'I am a rose of sharon, A lily of valleys(아 2:1)'라는 구절을 한글 성경에는 '나는 샤론의 수선화요, 골짜기의 백합화로다'로 번역되어 있다. 골짜기의 백합화는 맞는데, 왜 '샤론의 장미' 또는 '무궁화'라고 번역하지 않고 '샤론의 수선화'라고 했을까? 단순한 오역이 아닌 의도적인 오역인 듯한 느낌이 든다.

어쨌든 성경에 예수의 상징으로까지 등장하는 무궁화와 네트워크 마케팅을 이렇게까지 연결된다는 것을 알게 된 것에 참으로 감사하고 '좋은 느낌'이 든다.

이 작은 무궁화(無窮花) 선물이 네트워커들에게도 '좋은 느낌'으로 전달되고, 그 느낌이 그들에게 새로운 기회의 문을 여는 창조의 열쇠가 되길 바라며 이만 펜을 놓는다.

지금은 새들의 합창소리가 너무 아름다운 새 날의 아침이다. 끈기의 꽃, 민중의 꽃, 민족의 꽃인 동시에 쇄신의 꽃, 군자의 꽃, 리더의 꽃 그리고 세계 평화의 꽃인 무궁화와 함께 지샌 밤이 가치 있고 오래 동안 잊을 수 없을 듯하다. 이런 영감(靈感)을 주신 모든 소중한 분들과 신(神)에게 감사드린다.

Memo

Memo